城市家具建设指南

Guidelines for Urban Furniture Construction

鲍诗度 宋树德 王艺蒙 杨敏 等著

中国建筑工业出版社

图书在版编目（CIP）数据

城市家具建设指南 / 鲍诗度等著 . — 北京 ：中国建筑
工业出版社，2019.9
ISBN 978-7-112-24210-8

Ⅰ．①城… Ⅱ．①鲍… Ⅲ．城市公用设施－基础设施
建设－江苏－指南 Ⅳ．① F299.275.3-62

中国版本图书馆 CIP 数据核字（2019）第 198248 号

本书作者：鲍诗度　宋树德　王艺蒙　杨　敏　林澄昀
　　　　　刘　博　杨凤菊　赵　倩　查　鹏　郑燿呈

责任编辑：胡永旭　唐　旭　吴　绫　孙　硕　李东禧
美术编辑：赵勇斌　史　朦
责任校对：李欣慰

城市家具建设指南

鲍诗度　宋树德　王艺蒙　杨　敏　等著
*
中国建筑工业出版社出版、发行（北京海淀三里河路 9 号）
各地新华书店、建筑书店经销
上海盛通时代印刷有限公司印制
*
开本：880×1230 毫米　1/16　印张：12¼　字数：214 千字
2019 年 9 月第一版　　2019 年 9 月第一次印刷
定价：158.00 元
ISBN 978-7-112-24210-8
　　　　（34623）

前　言

根据世界城市发展规律，精细化城市建设是今后一段时间内中国城市建设的主体方向之一。完善的、系统的城市家具是美化城市环境、优化市容秩序的重点；是人与城市、人与环境、人与社会重点构建的具体内容。

2015 年 12 月 31 日，中共中央、国务院发布的《关于深入推进城市执法体制改革改进城市管理工作的指导意见》第十八条中，"城市家具"正式确立为中国城市建设管理的重要内容。时隔 37 年再次召开的中央城市工作会议对新时期的城市工作做了全面部署，明确提出要在"建设"与"管理"两端着力，转变城市发展方式，完善城市治理体系，提高城市治理能力，着力解决城市病等突出问题，不断提升城市环境质量、人民生活质量、城市竞争力，建设和谐宜居、富有活力、各具特色的现代化城市。为贯彻落实中央城市工作会议及相关文件精神，树立城市家具建设理念，开展标准化、系统性的城市家具实践工作，塑造具有特色风貌的城市公共空间和重点区域，提升城市的环境品质，激发城市的活力与魅力。

街道，是人们对一座城市的直接印象。城市家具决定着城市魅力所在，其品质是关键要点。

城市，就是个家。街道，就是城市的客厅。

城市家具则是摆放在城市客厅里的各类家具——路灯、座椅、果皮箱、候车亭、指路指示牌、公共艺术品等。

"城市家具"（Urban Furniture）在英国称为"街道家具"(Street Furniture)，在西班牙称为"城市元素"(Urban Elements)，在美国称为"城市街道家具"(Urban Street Furniture)。中国的城市家具衍生与发展却区别于西方发达国家，在发展理念和特点方面有所不同，城市家具名称符合中国特色。

中国城市家具的基本建设理念和发展特色可总结为"一系统、两特点、三理念"。

"一系统"——中国城市家具的建设和管理应以系统论为基础：

以系统论的哲学理论为基础，城市家具应以系统性思维为核心，系统设计、整体布局、建管结合是城市家具建设与实施的根本。

"两特点"——中国城市家具区别于其他国家的两大特点：

第一个特点是独特性。中国城市家具的特性是植入了中国特色的社会主义元素，它在建设方式、设置方式、设计方式、实施方式等方面都是中国式的，跟世界其他任何国家的城市家具方式都不一样，在理念、认知、本质等诸多方面也与西方发达国家已经形成的城市家具有所不同。

第二个特点是管理性。中国的城市家具与管理是密不可分的。中国的城市家具既有城市管理特征，又有建设前后综合管理属性，是城市家具在设计、建设、实施、维护等方面可持续发展的非常重要的特点。如果没有统一有效的管理，就做不到统一设计、统一建设、统一管理、统一实施。城市家具建设就无法做到系统性、规模化和可持续性。

"三理念"——中国城市家具建设应树立的三大理念：

一是"设施≠城市家具"的理念。城市家具与设施的本质区别：设施[①]是"设备"属性。设施是单独的设备物件，与环境的关系是独立的。而城市家具应从考虑城市整体环境全局性入手，在全面综合管理下，统筹城市公共设施服务功能的合理性和科学性。

二是"城市家具与环境共生"的理念。城市家具与环境是共生属性。城市家具是根植于城市环境之中的，环境的好坏决定着城市家具的价值，城市家具的品质也会直接影响环境空间的品质，好了会相得益彰，坏了会相互抵消。

三是"城市家具整体性控制"的理念。城市家具从产品制造到实施建设，每一个环节都不可忽视。过程把控、质量控制、环境把控、材料把控、程序把控、生产把控、专业控制等都涉及城市家具的"生死存亡"！如果城市家具实施过程中某一环节失控，就会失去专业控制，就会导致一系列实施程序失控，包括生产指导和材料使用，最终导致城市家具总体质量控制失控。城市家具在呈现过程中，相互之间的关系控制是环环相扣、相辅相成的。

现在中国城市建设正进入一个大转折时期——不是"量"的增加，而是"质"的提升期，是从"粗放"进入"精细"的建设期。

城市家具在西方发达国家一直扮演城市精细化建设的主体。西方发达国家三四十年前基本完成城市精细化建设，他们有很多成功的经验值得我们学习。

城市家具的系统化、标准化建设是快速实现城市环境建设和文化品质提升的重要途径，是一个城市体现创新能力和文化内涵的集中展现。城市品质主要表现在两个方面：一是城市环境创新性建设，二是城市文化品质的建设。一个城市未来能走多远，取决于城市的创新能力和文化内涵。

本指南是根基于与西方发达国家不同的中国社会发展特色和当下中国城市建设的实际情况而编制；是以美丽街区、美丽中国的基本理念的环境美学为基本需求，以市政交叉等多学科基础的工学、理学、管理学、艺术学四大门类的交义学科的结合；是以精细化为城市建设的根本指导思想，为高品质社会建设的实际需求而编制。本指南基本要点：一是系统性，二是特色性，三是多学科交叉性；是以革新精神为主导，以通俗、便捷、可操作为根本的编制指导思想。

本指南著写团队人员还有林澄昀、刘博、杨凤菊、赵倩、查鹏、郑燀呈，他们都是与我在城市环境设计领域前沿奋斗了十多年的同事，本书是我们在这一领域中摸索并建立城市家具理论体系、从设计研究到实践落地所积累的认知和艰辛成果，特此向我的团队以及一直支持和帮助我们的同仁致以最真挚的感谢。

鲍诗度

东华大学环境艺术设计研究院院长

教授 博士生导师

2019 年 8 月

---

① 夏征农，陈至立.辞海·五卷本 [M].上海：上海辞书出版社，2009: 1989.

PREFACE

According to the regulation of the city's development, precise city construction will be one of the main directions of city development in a certain period. Perfect and systematic urban furniture is the key point of beautifying city environment and optimizing the order of city appearance. It is also the concrete content of key construction between human being and city, human being and environment, and human being and the society.

In article 18 of the Guidance about Stimulating Deeply City Reform of Law Enforcement System and Improving City Management, distributed by the Central Committee of the Communist Party of China and the State Council on 31th December, 2015, urban furniture was officially established as important content of city construction and management. Thirty-seven years later, during the Urban Work Conference organized by central government, urban work in new term was totally arranged once more. It was explicitly raised that we should concentrate on construction and management, and city development mode must be changed, city administration must be perfected as well, the ability of city management must be improved. It is necessary to solve serious problems such as urban disease. City environment quality should be improved continuously, and people's life quality, city concurrence, construction of harmonious furniture and modern city full of vitality and characteristics. In order to carry out the concerned documents' spirit of central government's urban work conference, to set up the ideas of city furniture, to promote standardized and systematical city furniture practical work, to mould public space and important areas with characterized style's city, it is absolutely necessary to rase city's environment quality and to stimulate the vigour and the charm of the city.

Street is the direct impression of people about a city, urban furniture may decide city's charm, and its quality is the key point. City is indeed a family. Street itself is its hall, and the city furniture is kinds of furniture in the city hall such as street lights, seats, trash bins, bus shelters, guiding sign, public artworks, etc.

Urban furniture is called in UK Street furniture, in Spain Urban Elements, in USA Urban Street Furniture. Chinese urban furniture is derived from the western developed countries, it is rather different from developing concepts and characteristics.

The basic construction concept and development characteristics of Chinese urban furniture can be summarized as 'one system', 'two characteristics', 'three concepts'.

'One System': the construction and management of Chinese urban furniture should be based on system philosophy theory. Bases on philosophy theory, urban furniture should be focused on systematical thinking, system designing, layout and the combination of construction and management are the fundamental basic roots of urban furniture construction and its implantation.

'Two Characteristics' : There are two characteristics on Chinese urban furniture, which differ from other countries:

The first one is unique. The characteristics of Chinese urban furniture is implanted by the socialism elements with Chinese style in terms of construction methods, setting up methods, designing methods and its implantation, which is different from any other countries in the world in the area of urban furniture. At the same time, it is different from the urban furniture formed in western developed countries in terms of concept, cognition and essence.

The second one is the nature of management. Chinese urban furniture and its management can not be separated from each other. The comprehensive management and construction are also important parts of urban furniture's designing, construction, maintenance and sustainable development. If there is no unified and effective management, no unified designing, construction, management and its implantation will be achieved and urban furniture can not be systematic, scaled and sustainable.

'Three Concepts' : These ones should be set up in Chinese urban furniture construction:

The first one is that facilities are not equal to urban furniture. Essential difference between urban furniture and facilities. Facilities is the property of equipment. Facilities refer to separated pieces of equipment being independent to the environment, but urban furniture is not. It should start from considering the overall environment of the city. Under the overall comprehensive management, there must be with coordination of the rationality of urban public facilities service functions and scientificalness.

The second one is the idea of symbiosis of urban furniture and environment.

Urban furniture is rooted in the urban environment. The quality of the environment decides the value of urban furniture. The quality of urban furniture will directly affect the one the environmental space. The high quality of urban furniture will probably improve the goodness of quality of environment and will counteract the goodness as well.

The third one is the concept of integral control of urban furniture. Each aspect is non-negligible from product manufacturing to its implantation, processing control, quality control, environment control, material control, procedure control, production control, professional control,etc., all affect the final image of urban furniture.

Urban furniture is at a rather important turning point in China, from the increase of Quantity in the past to the improvement of Quality, from the Rough period to Fine period.

Urban furniture has been playing the main role in the city construction of refinement in western developed countries. In these countries, the city construction of refinement was completed thirty or forty years ago. They have got a lot of experience. We should learn from them.

The systematic and standardized construction of urban furniture is an important way to realize the urban environment construction and to improve its cultural quality. It is a total display of the city's innovation capability and its cultural connotation. City quality appears in two ways: one is the innovation construction of city environment, the other is the construction of city cultural quality. How far one city can go in the future, it depends on its ability of innovation and its cultural contents.

This guide is edited according to the characteristics of China's society development (which is different from western developed countries) and the real circonstances of Chinese city construction. It is based on the fundamental theory of beautiful blocks, beautiful China and fine art science, on the combination of cross connection disciplines of engineering, science, management and art rooted on municipal administration. It is also edited according to real demand of high quality society construction making full use of the refinement as the city construction's guide. The key point of this guide: one is systematicness, the second is characteristics, the third is the cross connection of multi disciplines. It focuses on innovation spirit as main guide, on the popularity, on the convenience, on operability as the essential editting guiding ideology.

The writer team members of this book also including Chengyun Lin, Bo Liu, Fengju Yang, Qian Zhao, Peng Zha and Yecheng Zheng . They are my colleagues who have taken a great effort with me for more than ten years in the field of urban environmental design. The book represents our cognition and achievement by exploring and establishing the theoretical system of urban furniture, from design research to practice. I hereby express my sincere gratitude to our team members and peers who have always supported and helped us.

Shidu Bao
Dean of Environmental Art Design and Research Institute
Donghua University
Professor, PHD supervisor
August 2019

目 录 Contents

下篇　创新应用篇

Contents

VOLUME II CHAPTER OF INNOVATIVE APPLICATION

【上篇】

VOLUME I

建设指南与
技术导则

CONSTRUCTION GUIDE & TECHNICAL GUIDELINES

01

ESSENTIAL REGULATIONS
基本规定

第 1 章 Chapter 1

1.1 范围
Scope

本指南给出了城市家具的定义、分类、系统设计要素及设计方法、系统布点方式方法、系统实施技术要求等，重点针对道路空间的城市家具系统性建设项目规划、设计、施工、管理进行指导，适用于一般新建、改建、扩建的城市家具建设工程。其他城市公共空间和特色区域如公园、广场、滨水空间、自然风景区、历史文化街区等，可参考本指南系统项目建设方法与技术标准执行，结合场地具体情况进行城市家具专项设计。

This guide stipulates the definition, classification, system designing elements and designing methods of urban furniture, system layout methods, system implementation technical requirements, etc., focusing on the planning, designing, construction and management of urban furniture system construction projects in street space. It is suitable for general construction, reconstruction and expansion of urban furniture construction projects. Other urban public spaces and special areas such as parks, plazas, waterfront spaces, natural scenic spots, historical and cultural blocks, etc., which can be implemented and refered to the construction methods and technical standards of the system project of this guide, and the special design of urban furniture is combined with the specific conditions of the site.

1.2 术语
Terminology

1. 城市家具 Urban Furniture
设置在城市道路、街区、公园、广场、滨水空间等城市公共空间中，融合于环境，为人们提供公共服务的各类公共环境设施的总称。

2. 系统设计 Systematic Design
从整体性出发，融合、协调、互补各学科专业，对其功能、环境、人文等相互关联、相互影响的要素进行整体最优的设计行为。

3. 城市家具系统设计 Urban Furniture Systematic Design
统筹城市家具六大系统所涵盖的各类设施本体功能、相互关系、与环境关系，对其造型、色彩、元素、材质、设置规则等要素进行系统性设计的方法。

4. 系统建设 Systematic Construction
从城市空间的整体效果出发，综合考虑项目各关联因素，对建设流程、管理机制、部门分工、项目计划与执行、项目监督等要素进行统筹管理，涵盖项目策划、规划、设计、施工、管养等全流程的建设方式。

5. 样板区 Template Area
为了统一建设理念、完善统筹管理机制、对方法和成果进行检验论证，在工程全面开工前先进行小范围样板式建设的区域或路段。

6. 色彩比例 Color Ratio
为使城市家具与周边的建筑和环境景观协调，将城市家具的色彩设定一定的面积配比和色彩标准的方法。

7. 街道 Street
在城市范围内，全路或大部分地段两侧建有各式建筑物，设有人行道和各种市政公用设施的道路。

8. 城市家具设置带 Urban Furniture Zone
为使城市家具集约布设，并达到整齐统一的效果，将道路沿线的绿化分隔带、人行道设施带等适宜布置城市家具各类设施的带状空间，设定为城市家具设置带。

9. 综合布点设计 Comprehensive Layout Design
在道路交叉口、直线路段、出入口等城市家具主要设置区域，对各类设施的设置区域、间距、控制要求等进行科学、合理、统筹布置的设计方法。

10. 标准化与模块化 Standardization and Modularization
为了便于维护管理，对城市家具产品、设备（或构件）进行模数化设计、模块化组合、可局部更换构件等处理的方式方法。

11. 集约化与功能复合 Intensive and Mutifunctional
为减少城市家具各类设施对城市公共空间的占用，对多类设施进行合并、功能集成或组合的设计方法。

12. 一杆多用 Multi-Purposes of One Pole Usage
为节约占地空间和改善景观风貌，减少临近区域内城市家具的数量，对各类路灯、交通标志标牌、信号灯、监控、路名牌、公共服务设施指示标志牌、电力与通信等杆件类设施进行合杆设计与使用的集约化设置方式。也称为综合杆、合杆、共杆、并杆。

1.3 城市家具的分类
Classification of Urban Furniture

1. 兼顾城市家具的功能属性及管理归属，对城市家具各类设施进行系统性分类，分为交通管理、城市照明、路面铺装、信息服务、公共交通、公共服务六大系统 45 小类设施，如图 1.3.1 所示。

Taking into account the functional attribute and management attribution of urban furniture, the various facilities of urban furniture are systematically classified into six systems and 45 categories: traffic management, urban lighting, road pavement, information service, public transportation and public service, as shown in figure 1.3.1.

公共服务
01 公共艺术品 Public artworks
02 景观小品 Landscape accessories
03 座椅 Seats
04 废物箱 Litter bin
05 直饮水设施 Drinking fountain
06 活动式公共厕所 Mobile public toilets
07 花箱 Garden pot
08 市政消火栓 Municipal hydrant
09 邮筒 Pillar box
10 报刊亭 Newsstand
11 公用电话亭 Telephone box

交通管理
01 交通信号灯杆 Traffic signal pole
02 交通监控杆 Traffic monitoring pole
03 交通标志牌 Traffic signs
04 综合杆 Smart multi-functional pole
05 停车诱导指示牌 Parking guidance signage
06 停车收费设施 Parking payment machine
07 中央分隔带护栏 Median barrier
08 侧分隔带护栏 Road divider guardrail
09 人行护栏 Pedestrian guardrail
10 绿化防护栏 Garden fence
11 挡车桩 Bollards
12 施工围栏 Construction fence
13 隔声屏 Acoustic barrier
14 户外市政箱及装饰罩 Utility boxes and art wraps

公共交通
01 候车亭 Bus shelter
02 站牌 Stop board
03 出租车停靠标识牌 Taxi stop sign
04 非机动车存车架 Cycle stands
05 公共自行车设施 Public bicycle facilities
06 电动汽车充电桩 EV charging pile
07 BRT 站台 BRT platform

城市照明
01 路灯 street lights
02 高杆 / 半高杆照明灯 High / semi-half mast lighting
03 步道灯 Sidewalk lights
04 草坪灯 Lawn lights

信息服务
01 路名牌 Street name plate
02 步行者导向牌 Pedestrian wayfinding signs
03 户外广告设施 Outdoor advertisment facility
04 智能电子信息牌 Digital Signage

路面铺装
01 人行道铺装 Sidewalk Pavement
02 盲道 Tactile ground surface indicator
03 路缘石 Curbstone
04 树池 / 树箅 Tree well / Tree grilles
05 检查井盖 Manhole cover

6 大系统
6 MAJOR SYSTEMS
45 类
45 CATEGORIES

公共服务 PUBLIC SERVICE
交通管理 TRAFFIC MANAGEMENT
城市照明 URBAN LIGHTING
路面铺装 ROAD PAVEMENT
信息服务 INFORMATION SERVICE
公共交通 PUBLIC TRANSPORTATION

图 1.3.1 城市家具系统分类
Figure1.3.1 Classification of Urban Furniture
（资料来源：自绘）

2. 城市家具的设施种类并不局限于图 1.3.1 所列的 45 类设施，对于当下城市发展中一些新兴的和符合未来发展趋势的设施，如集约化与功能复合的、一杆多用的、智能科技化的（智慧城市家具）等亦属于城市家具（参见"第五章 创新应用"），其分类可根据设施本身最主要的功能，划分至相应的系统分类中。

3. 各地在实际需求和建设实践中，可根据以下原则对城市家具的分类进行增补或删减调整：

（1）"城市家具"的定义内涵及设施种类，应为城市公共空间中、地面以上的、具有社会公共服务和管理功能的各类公共环境设施。

（2）所属系统的判别依据：主要考虑该设施的功能，适当结合其管理属性。

（3）对于不必要设置的、不适应当下时代发展和需求的设施，在新建或改造项目中，可进行分类删减或设施拆除，如挡车桩、公用电话亭、邮政报刊亭、邮筒等。

1.4 建设方针
Construction Policy

城市家具建设是一项需要多部门、多单位配合的系统工程，实施主体的多元化是建设过程中一个非常重要的特征。为保证建设实施的可行性、完整性、一致性，应遵循"统一规划、系统设计、规范管理、样板先行、分步实施、科学管养"的总体方针，对建设全程进行实施把控。

1. 统一规划 Unified Planning
从规划层面研究城市家具的现状，制定建设目标、建设风格、建设原则、建设计划等。

2. 系统设计 System Design
对城市家具的样式、色彩、风格、材质、设置原则，制定与区域环境相协调的系统性设计方案和设置技术方法。

3. 规范管理 Specification Management
建立城市家具建设统筹管理机制，确保城市家具有序、高效地开展。

4. 分步实施 Step-by-step Implementation
根据城市建设或更新计划制定城市家具实施计划，分步有序地实施。

5. 样板先行 Sample First
进行样板区建设，解决设计落地问题，统一思想、统一标准，为后续建设奠定基础。

6. 科学管养 Scientific Custody
对建设完成的城市家具进行良好的管理与养护，维护城市家具建设成果。

1.5 建设原则
Construction Principle

1. 以人为本 Human-oriented

各类城市家具满足各类活动的功能使用需要及人性化设置需求，设计符合人体工学，在尺度上考虑道路的宽幅和空间比例设定杆件类家具的高度，以达到整体尺度适宜。

2. 系统建设 Systematically Constructed

各类城市家具进行系统性的规划与整体设计，制定系统有效的建设管理统筹机制，保障决策、规划、设计、施工、运维、管养各阶段工作组织有序开展。

3. 美观协调 Aesthetic and Coordinated

城市家具应以提升城市环境品质、塑造城市特色风貌为目标，设计美观，尽可能地体现地域文化和特色美感，并充分考虑周边环境，与所在区域内的建筑、绿化景观等整体风貌相协调。

4. 因地制宜 Adapted to Local Condition

对于已建成道路的配套城市家具，应因地制宜，对需要保留的家具设施进行合理优化改造，并协调新建方案与保留家具方案的造型、色彩、材质等元素；对于缺项设施进行增补。

5. 集约建设 Intensively Constructed

城市家具应本着经济适用、坚固耐用的原则进行设计，合理选择材料及控制建设成本。同时，应倡导集约化与功能复合设计，对布设在道路上的各类设施进行集合设置。

6. 绿色环保 Green and Environment-protective

以创建生态宜居和可持续发展的城市为目标，城市家具的选材应选择绿色环保的材料，设施维护和使用方面鼓励低耗能、低碳排放的新型产品或技术，铺装系统应结合"海绵城市"理念推广透水性材料和技术做法。

1.6 建设目标
Construction Objective

1. 以人为本，完善城市功能，做到规范合理设置卫生设施、交通设施、公交设施、照明设施、信息服务设施、人行道铺装设施等，在规范市民行为的同时为市民提供良好的公共服务。

2. 系统性打造城市家具，构建与城市景观相协调的城市家具体系。

3. 通过系统建设精致的城市家具，有效提升城市公共空间环境品质。

4. 充分融合与展现地域文化特征，打造城市形象和城市特色。

5. 形成城市家具管理的长效机制，提高城市综合治理能力与精细化管理水平。

1.7 建设流程
Construction Process

城市家具建设项目规模可大可小，但基本可分三个阶段（图 1.7.1），具体的流程可根据项目实际情况进行调整：

1. 前期规划与设计阶段　Pre-term：Planning and Designing
在充分调研的基础上，确立建设定位与目标，对各要素进行整体规划与控制，提出实施策略与实施计划，制定系统、科学、合理的设计方案。

2. 中期建设实施阶段　Medium-term: Construction and Implementation
在规划与设计成果的基础上进行城市家具招标、建设、验收。在招标方案中明确技术标书、企业要求、管养要求、实施阶段相关要求；在施工过程中做好图纸交底、施工监理、产品检测与监控、问题反馈与修正等各项工作；验收环节进行产品封样，把控产品效果、安装效果。

3. 后期管养阶段　Later Period: Maintenance Management
制定城市家具管养细则，科学管养，及时地对损坏设施进行修复／更新／增设，确保城市家具高质高效地为人们提供服务。

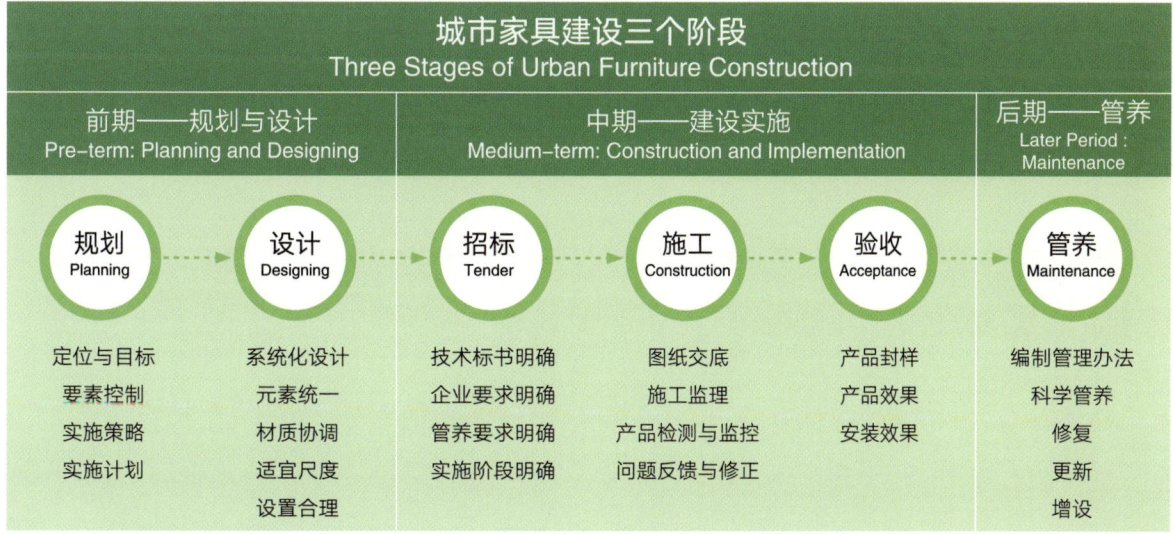

图 1.7.1 城市家具建设流程（资料来源：自绘）
Figure 1.7.1 Urban Furniture Construction Process

1.8 统筹管理机制

Integrated Management System

城市家具种类多，范围广，涉及多家产权单位与管理部门，为了确保城市家具项目高效、高质、有序地建设，应建立统筹管理机制（图1.8.1）。

1. 各地政府的职能划分不同，城市家具管理单位、建设单位也存在一定差异，应根据各地实际情况确定管理部门或建设单位城市家具牵头部门。以城市家具牵头部门为主导，各城市家具产权与管养单位（科室）参加，构建城市家具统筹管理机制。

2. 在牵头部门的领导下进行统一规划设计，确定统一的建设标准、计划与目标。

3. 有条件下应进行样板区建设，在将城市家具系统设计成果转化为建设成果的过程中，优化设计，统一标准，试行并完善统筹管理机制。然后分步实施、逐步推进。

4. 总结实践经验，及时调整与优化管理机制，充分发挥各主管部门的技术优势，完善城市家具各项功能、管理需求与发展需要。

图 1.8.1 建立统筹管理机制（资料来源：自绘）
Figure1.8.1 Establishing an Overall Management System

5. 在实践经验基础上编制城市家具管理办法，使城市家具系统成为优化城市环境的可持续的元素与长效机制。

6. 城市家具重大项目管理机制：城市家具大规模建设或进行"多杆合一"等集中建设时，建议统一领导、统一指挥、统一管理，由城市家具项目牵头部门统筹，将建设单位、各主管单位、设计单位、招标代理、监理单位、实施单位进行统筹管理。在城市家具建设过程中形成有效的沟通、协调、管理机制，做到明确职责、清晰流程、逐步实施、全面覆盖（图 1.8.2）。

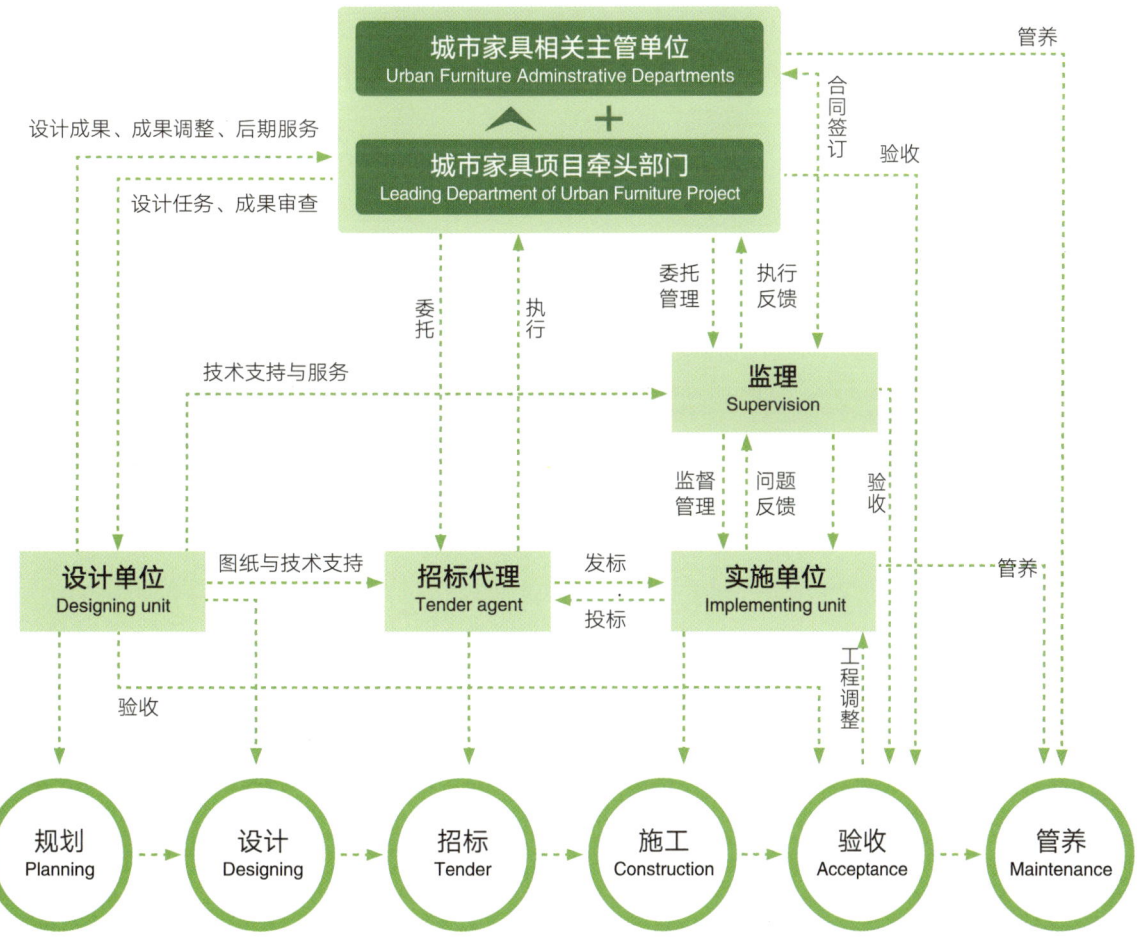

图 1.8.2 城市家具重大项目管理机制（资料来源：自绘）
Figure1.8.2 Urban Furniture Major Project Management System

1.9 注意事项
Precautions

1.9.1 设计阶段
Design Stage

1. 明确系统设计 Definiting System Design

现阶段我国的标准体系中尚无城市家具在设计、建设、实施、制造等方面的系统性技术标准和管理标准，城市家具在设计时应在满足现有国家标准、行业标准、地方标准的基础上，注重可实施性，与环境整体和谐统一为基本要求，以整体性、系统性、协调性为设计引领和建设根本，进行城市家具系统建设。缺少上位标准的也可以团体标准为参考依据。

2. 明确标准与品质 Definiting Standards and Quality

城市家具设计之初应明确设计标准与品质要求，品质的高低对应成本的多少，因此各建设主体应在满足功能与美观的基础上，合理确定城市家具的设计标准。

1.9.2 建设阶段
Construction Stage

1. 制定合理的实施计划 Developing Reasonable Implementation Plan

项目实施周期与项目质量往往成正比，仓促的周期往往造成城市家具生产工艺、品质降低、安装粗糙等问题。

2. 注重样品验收与封样 Focusing on Sample Acceptance and Sealing

样品的验收利于发现城市家具生产过程中存在的问题并进行合理优化，同时，如果城市家具涉及的生产厂商众多，把控样品验收的步骤将有利于统一标准。

3. 构建高效协调机制 Building an Efficient Coordination System

城市家具项目涉及的单位较多，应在统筹管理机制下保持沟通顺畅，及时解决遇到的各种问题。

02

PLANNING
规划

2.1 在城市规划体系中应规定的内容和要求

Contents and Requirements Stipulated in the Urban Planning System

城市家具为城市环境品质与质量提升所起到的作用，越来越受到各级政府和社会的认可和重视，由于它是刚刚出现不久的新型学科专业，各项城市规划中都没有涉及过，但是，各类城市规划对它都很重要。需要在城市总体规划、控制性详细规划、修建性详细规划与城市设计中增加城市家具的专项内容，相关内容应围绕"精致、活力、人文"的理念，回归为人服务的核心思想。

The role of urban furniture on improving the quality and quality of urban environment has been increasingly recognized and valued by government and associations at all levels. As it is a new discipline, it has not been involved in all kinds of urban planning, but it plays an important role in all kinds of urban plannings. It is necessary to add special elements of urban furniture in urban master planning, controlled detailed planning, construction of detailed planning and urban designing. The related contents should be centered on the concept of 'delicacy, vitality and humanistic' and return to the core idea of serving people.

1. 城市总体规划阶段
The Urban Master Planning Stage

确定城市家具在城市公共空间体系和环境风貌营造中的作用，强调城市家具与城市景观共生，对城市家具系统整体风貌进行总体要求。宜明确城市家具的整体风格风貌，对不同片区与城市空间提供弹性控制引导。

2. 控制性详细规划阶段
The Regulatory Detailed Planning Stage

宜明确城市家具的风格要素与布局原则，将定量要求与定性控制相结合，对不同城市家具要素进行上下限控制，提出针对不同属性道路、不同类型区域的城市家具的基本控制要求，同时以禁止设置、允许设置、补充设置、鼓励设置等不同控制级别，提出设置与布局建议，具体指导城市家具的平面布局，并提出城市管理方面的相关要求。

3. 修建性详细规划与城市设计阶段
The Stage of Constructive Detailed Planning and Urban Designing

宜从区域整体风貌出发考虑城市家具平面、竖向和组合等三维空间设计要求，明确城市家具的设计要素和风格指引（尺度、材质、色彩、风格等），从道路品质的要求对要素进行主次分级，对应不同的道路属性品质要求提出差异化引导。

2.2 城市家具专项规划
Special Planning of Urban Furniture

城市家具的规划作为专项规划，是以一个城市的现状、地域文化与风貌、发展规划为基础，从宏观层面解决城市家具的建设定位、风格、建设目标，从操作层面解决"为什么做？做什么？怎么做？"的问题。

Urban furniture special planning is based on a city's current situation, regional culture and features, development planning, from the macro level to solve problems of the construction of urban furniture positioning, style, construction goals, from the operational level to solve "Why do it? What to do? How to do it ? ".

2.2.1 编制基础
Compilation Basis

编制城市家具专项规划所需规划依据与资料主要为上位规划和相关规划文件，包括且不限于下述资料：

1. 上位规划 Upper Level Planning

（1）城市总体规划

（2）城市市政交通规划

2. 相关规划 Related Planning

（1）城市色彩规划

（2）城市标志、标识系统规划

（3）城市广告规划

（4）城市特色风貌区规划

（5）历史文化名城规划等专项规划

（6）已有的城市家具规划、市政附属设施相关专项规划等

2.2.2 基本原则
Basic Principle

1. 因地制宜 Local Conditions

城市家具规划应以城市发展现状为基础，对城市家具现状进行调查研究，找出问题、总结问题，在此基础上确定设计规划策略与规划重点。

2. 需求导向 Demand Orientation

在现状调研的基础上，应与城市家具相关建设与管理部门座谈，充分了解各单位在工作过程中对城市家具的经验总结、诉求与合理建议，结合城市发展规划进行合理的城市家具规划。

3. 合理有序 Reasonable and Orderly

城市更新是个逐步发展的过程，不能一蹴而就，应在充分考虑城市家具的现状基础上，提出保留、改善、增设以及逐步更新等相应策略，完善城市家具基础设施的建设体系，制定合理、有序的建设发展计划。

4. 标准适宜 Suitable Standard

城市的经济基础和发展条件很大程度上决定了城市家具的建设品质和标准，应从实际出发，在满足功能需用的基础上，逐步、合理、规范地进行城市家具建设，避免追求形式主义或不切实际的建设标准。

2.2.3 编制内容
Compilation Contents

对城市家具现状进行详尽调研，找出城市家具主要问题。以上位规划为依据，发掘城市地域文化与风貌特色，提出城市家具的定位与建设总目标，确定城市家具系统整体风格与元素控制，提出城市家具不同区域建设导则与建设要求。研究和编制成果应主要包含现状调研、建设定位与目标、风格定位与特色体现、分区规划、建设规划等方面内容。

2.2.3.1 现状调研
Current Situation Investigation

1. 主要任务 Main Tasks

挖掘城市特色要素，对规划区域的城市家具进行现状调研和分析，在总结主要问题的基础上制定解决方案和规划实施策略。

2. 重点工作 Key Work

（1）根据城市风貌、自然环境、历史人文等，寻求城市家具规划的文化要素、特色表现要素。

（2）对规划区域内各城市片区、市中心、标志性建（构）筑物及其周边街道、商业街区、生活街区等进行现状调研。

（3）梳理不同片区的城市家具现状问题，分区与分类别进行梳理。总结城市家具存在的问题，为设计策略提供依据。

（4）进行相关案例研究，寻求问题解决方案。

（5）明确规划思路与策略。

2.2.3.2 定位与目标
Positioning and Target

1. 主要任务 Main Tasks

根据城市风貌、自然环境、历史人文等环境特色，结合城市性质和功能布局，明确城市家具的建设定位与总体目标。

2. 重点工作 Key Work

（1）解读城市总体规划与相关规划，结合城市现状，以调研为依据，制定城市家具的整体定位。明确城市家具在城市建设中的作用、建设基本诉求与主要任务、工作内容等。

（2）在城市家具定位清晰的基础上确立城市家具建设目标。提出城市家具建设品质目标、阶段实施目标、时间目标、城区（分区）建设目标等。

2.2.3.3 风貌与特色
Styles and Characteristics

1. 主要任务 Main Tasks

根据城市调研结论，确定城市家具空间布置要点、整体特征、特色元素。

2. 重点工作 Key Work

（1）城市风貌与地域文化是城市家具风格定位的主要依据。城市家具的风格应与城市环境相协调、相融合，成为城市环境建设的有益补充和特色亮点。城市家具应在城市整体定位与目标统一的前提下，针对不同城区片区特点，进行特色设计与设置，做到系统统一、分区特色。

（2）城市地域文化是城市家具元素提取的源泉。城市的历史文化、传说故事、特色形象、建筑风格、生产与生活特色、民俗风情等是地域文化的主要表现。城市家具的特色设计应围绕体现地域文化而展开，确定城市家具的整体风格，提取设计元素，在城市家具的设计上加以运用。

2.2.3.4 分区规划
District Planning

1. 主要任务 Main Tasks

对城市不同类型片区进行划分，以各片区主要功能与城市家具现状调研为基础，对城市家具提出建设要求。

（1）以人为本为基本原则，以满足百姓日常生活需求为目标，确定不同城市片区各类城市家具的设置原则与要点。

（2）按照配置齐全、布局合理、风格统一、环境协调为目标，对不同城市片区系统地进行城市家具初步方案设计。

2. 重点工作 Key Work

（1）市区、近郊区

根据城市发展规划与城市总体规划，对城市市区、近郊区、城市行政区域内需要规划控制的区域进行城市家具建设品质、范围、种类与基本要求进行合理规划。规划应既适合经济发展高水平的区域，也适合一般或低水平的区域。

a）市区城市家具系统性布置的密度最高，系统性种类设置最全，特别注意城市家具之间相互关系、与环境之间的关联关系。

b）近郊区城市家具系统性布置密度中等。部分城市家具不在其中设置。根据区域的特殊情况，部分城市家具不一定设置其中，要根据具体情况而定。

（2）城市老城区、新城区

以城市家具现状为依据，对新老城区的城市家具建设做出分类的指导与要求。新城区大多新建建设条件较好，具备城市家具整体系统建设的空间和条件，而老城区通常城市肌理和现状建设条件较为复杂，现有基础设施陈旧，城市家具建设空间与条件有限，应在充分调研的基础上，考虑现状条件与发展要求对城市家具进行合理规划。

（3）城市街道

将城市街道分为商业街道、生活服务街道、景观休闲街道、交通性街道四种基本类型。四种不同的街道类型对城市家具的布置内容和布置要求是不同的。如上述街道类型两项或多项复合在一起的街道，则称之为综合性街道，综合性街道城市家具的布置内容和设置要求应根据实际情况做出响应调整。

（4）城市特色区域

城市特色区域是体现一座城市文化、环境品质、风貌特色的重点区域，包括城市公园、广场、绿地、滨水空间、历史文化街区、商业步行街、自然风景区等。特色区域的城市家具应以其区域环境为源点，在整体风格与环境风貌相协调的基础上，挖掘、彰显区域特色元素、造型、色彩、材质等文化特征，系统和谐协调的城市家具既要重点突出区域文化个性，又要注重与环境整体统一地融合，从而系统地构建高品质、有特色的城市家具系统环境空间。

2.2.3.5 建设计划
Construction Planing

1. 主要任务 Main Tasks

根据总体建设目标，结合城市各片区与城市家具现状，编制城市家具建设计划。

2 重点工作 Key Work

（1）确定城市家具实施范围

根据城市现状与城市建设计划，以城市建设与治理要求相结合，确定城市家具实施范围，并对实施范围进行分层、分区、分级。

（2）制定分步实施计划

　　城市家具建设是一项系统工程，不是一蹴而就的。因此在确定实施范围的基础上，制定分步实施计划。在确定实施的范围内，根据建设需求、建设条件、建设影响等多方面因素，进行分步实施。首先，明确样板区，其次制定城市家具实施年度计划和未来 3~5 年实施计划，逐步实施。

（3）样板区

　　样板区先行建设既是统一城市家具建设理念的过程，又是建立城市家具统筹管理体制与机制的过程，也是检验与调整城市家具建设成果的过程。因此样板区段的选择应考虑具备实施条件、具有城市典型性的片区或路段实施。

（4）提出城市家具建设计划编制的基本原则和管理措施。

03

DESIGN
设计

第 3 章 Chapter 3

3.1 总则
General Principles

将城市家具六大系统 45 类作为一个整体，围绕功能、尺度、风格、色彩、造型、材料、设置规则等要点进行统一的系统化设计，打造"安全适用、功能完善、尺度适宜、彰显特色、协调统一、科技导入、标准设计、规范设置"的城市家具系统。同时，城市家具的系统设计应尽量避免大拆大建，本着因地制宜、经济适用的设计方针进行改造、新建及增设。

Considering urban furniture's 6 major systems and 45 categories as a whole,we focus on functions, scales, styles, colors, modelling, materials, setting–up rules, etc. and then,we focus on carrying on an unified system designing, thereby on creating an urban furniture system which is 'safe and applicable, functional perfection, suitable in scale, presenting characteristic, coordination and unification, technology imported, standard designing, and standardized setting–up'. At the same time, the system designing of urban furniture should be avoided with large–scale demolition and large–scale construction, with carried out transformation, with new construction and addition based in line with local designing and economical designing guidelines.

1. 安全适用 Safety of Application
各类城市家具的设计应以安全为首要，注重设计的适用性，在造型和色彩方面不宜过度设计。

2. 功能完善 Perfect Function
城市家具功能完善，保障市民各种使用及活动的需求。

3. 尺度适宜 Suitablity in Scale
以人的使用为衡量标准，把控细节，尺度适宜，使用更舒适。

4. 文化特色 Cultural Characteristic
从城市文化特色、地域特征、历史文脉的设计把握和研究入手，通过色彩、造型、元素的特色设计，使城市家具体现城市的形象特质与文化特色，能够凸显城市的独特魅力。

5. 协调统一 Coordination and Unification
确保城市家具各类设施的风格、色彩、造型等协调统一，且与街道景观及建筑风貌相协调。

6. 科技导入 Technology Imported

将智能化系统与管理等需求结合，赋予城市家具更多的功能性、实用性与信息化管理，更高效地为市民服务，使其社会服务系统更趋完善。

7. 标准设计 Standard Designing

应尽可能对成品及零部件进行标准化、模块化设计，利于施工安装和后期管养，并降低成本和提高效率。

8. 规范设置 Standardized Setting-up

城市家具合理布置、规范设置，保证城市家具系统性与完整性。

3.2 核心要素
Core Elements

城市家具的设计核心是系统性，而系统设计的核心要素主要围绕风格、造型、色彩、元素与符号、材料展开。通过风格统一、文脉统一、元素统一、形态色彩语言统一等各方面进行系统性设计，打造体现地方特色的独有的城市家具系统（图 3.2.1、图 3.2.2）。

The core of urban furniture designing is systemic, the core elements of system designing are mainly focused on style, modelling, color, elements and symbols, and materials. Through the systematic designing of style unity, context unity, element unity, form and color language unity, we could create a unique urban furniture system with local characteristics(Figure 3.2.1, Figure 3.2.2).

图 3.2.1 风格、色彩元素不统一的整体道路环境效果：缺少特色，杂乱无序
Figure3.2.1 The overall road environment effect of disunity of style and color elements: being lack of characteristics, disorder

（资料来源：自摄）

图 3.2.2 城市家具系统化设计后的整体道路环境效果：系统、统一、特色、规范（资料来源：自摄）
Figure3.2.2 Overall Road Environment Effect after Systematic Design of Urban Furniture: Systematic, Unified, Characteristics and Standardized

3.2.1 风格
Style

城市家具设计风格是对家具的外观形态、材质肌理、色彩装饰、空间形体等要素进行综合、分析与研究。并结合时代、社会、民族等历史条件的影响，使其能在整体上美观、直观地呈现城市具有代表性的面貌。根据造型、装饰元素、文化背景、材质材料等设计要素，城市家具的基本风格主要可分为现代风格、古典风格、中式风格、西式风格、自然生态风格五种。城市或区域在制定风格定位时，应结合自身特点和需求，参考以下列举的各种风格特性及适用条件进行定位和设计，几种基本风格亦可交叠糅合。

The urban furniture designing style is the synthesis, analysis and research of the appearance, material texture, color decoration and spatial shape of the furniture. Combined with the influence of historical conditions such as time, society and nationality, it can make the urban furniture appear representative appearance of the city of fine view and intuitiveness on the whole.According to the designing elements of modelling, decorative elements, cultural background and material, the basic style of urban furniture can be divided into five types: modern style, classical style, Chinese style, western style and natural ecological style.When making style orientation, cities or regions should be combined with their own characteristics and needs, refer to the following list of various style characteristics and applicable conditions for positioning and designing, and several basic styles could also be overlapped.

■ 现代风格 Modern Style

现代风格也称功能主义，注重发挥结构构成本身的形式美，造型简约时尚，无过多装饰，推崇科学合理的构造工艺，重视发挥材料性能，对材料自身的质地和色彩的配置效果要求较高。因此，往往能达到以少胜多、以简胜繁的效果（图3.2.3）。

适用对象：现代风格适用对象较为广泛，可以涵盖几乎所有类型的风貌区。多用于新城新区、商业经济区以及行政中心等城区。

Applicable Object: modern style is suitable for a wide range of objects, covering almost all types of styles. It is mostly used in urban areas such as Xincheng New District, Commercial Economic Zone and Administrative Center.

图 3.2.3 现代风格城市家具示例（资料来源：自摄）
Figure3.2.3 An Examples of Modern Style Urban Furniture

■ **古典风格** Classical Style

古典风格是指借鉴传统经典的建筑和艺术形态的风格。其色彩形态与传统元素一脉相承，材质可根据实际需要进行选择（图 3.2.4）。

<u>适用对象</u>：多用于历史文化街区，体现当地文化底蕴与特色。

<u>Applicable Object</u>: It is mostly used in historical and cultural blocks, reflecting the local cultural heritage and characteristics.

图 3.2.4 古典风格城市家具示例（资料来源：自摄）
Figure3.2.4 An Examples of Classical Style Urban Furniture

■ **中式风格** Chinese Style

中式风格是指将中国建筑、装饰元素等提炼融合到人的生活和审美习惯的一种装饰风格。让古典元素更具有简练、大气、时尚等现代元素。从现代人的经济、生活需求出发，运用传统文化和艺术内涵对材料、结构、工艺进行再创造。本指南中中式风格特指现代中式风格（图3.2.5）。

适用对象：具有历史文化传承的现代街区、商业区等。

Applicable Object: modern blocks and commercial districts with historical and cultural heritage.

图 3.2.5 中式风格城市家具示例（资料来源：自摄）
Figure3.2.5 An Examples of Chinese Style Urban Furniture

■ **西式风格** Western Style

西式风格是以西方建筑或环境装饰元素为主题的风格。常见为华丽精美的造型设计、典雅或浓郁的色彩搭配，凸显艺术浪漫气息的环境氛围（图 3.2.6）。材质以铸铁、镀锌钢、玻璃等材料为主。

适用对象：现代公园、商业区域、以欧式建筑风格为主的街区等，也可用于一般的城市或街区。

Applicable Objects: In modern parks, commercial areas, blocks dominated by European architectural style, etc., used in general cities or blocks as well.

图 3.2.6 西式风格城市家具示例（资料来源：自摄）
Figure3.2.6 An Examples of Western Style Urban Furniture

■ **自然生态风格** Natural Ecological Style

自然生态风格的城市家具常运用天然的木、石、藤、竹等质朴的色彩和纹理材质，通过设计进行精彩的演绎。力求表现悠闲、舒畅、自然的景观意趣（图 3.2.7）。

适用对象：公园、自然风景区、以自然生态为特点的景点或邻近区域。结合当地风景特色，从城市家具各方面营造朴实、自然、生态的意境。

Applicable Object: Mostly used in parks, natural scenic spots, scenic spots or adjacent areas characterized by natural ecology. Combining with the characteristics of local urban landscape, the artistic conception of simplicity, nature and ecology are created from all aspects of urban furniture.

图 3.2.7 自然生态风格城市家具示例（资料来源：自摄）
Figure3.2.7 An Examples of Urban Furniture with Natural Ecological Style

3.2.2 造型
Modelling

城市家具的功能需求、材料特性和美观三者关系处理得当是城市家具造型的重点，也是城市家具系统设计要点之一。材料是城市家具必备的载体，各种材料因属性不同，对造型设计有一定制约，功能是城市家具造型的基础，遵循美学中的对比关系：粗与细的对比，圆与方的对比，曲与直的对比，通过这些对比关系，以及各家具各自的构造关系，才能使城市家具在造型上显得和谐、大方、富有韵律。

Proper handling of functional requirements, material characteristics and aesthetics of urban furniture are the focuses of urban furniture modelling, and are also key points of urban furniture system designing. Material is the essential carrier of urban furniture. Because of different attributes of various materials, there are certain restrictions on the shape designing. Function is the basis of the shape of urban furniture. It follows the contrast relationship in aesthetics: the contrast between 'rough' and 'fine', 'circle' and 'square', 'bending' and 'straight'.Through these contrast relations, as well as the respective structural relationship of furniture,it could make the city furniture appear harmonious, generous and rhythmic in modelling.

■ 城市家具主体杆件 Main Pole of Urban Furniture

杆件造型主要有方杆、圆杆、六棱杆、八棱杆、十二棱杆等，多种多样的造型都是由这些基础杆件相互穿插、组合与变化而来（图3.2.8）。

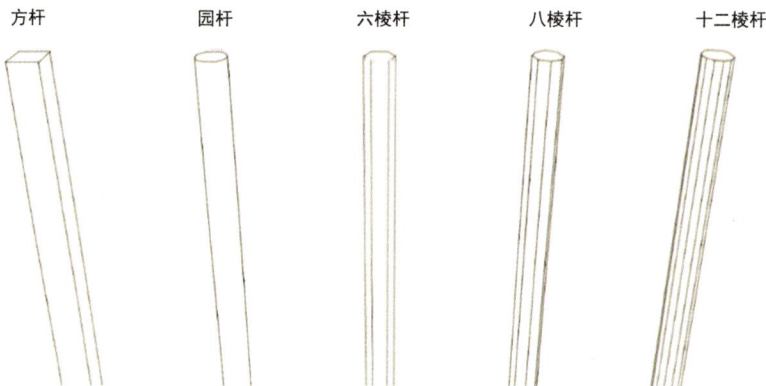

| 方杆 | 园杆 | 六棱杆 | 八棱杆 | 十二棱杆 |

图 3.2.8 城市家具主体杆件示意（资料来源：自绘）
Figure3.2.8 Schematic sign of main member of Urban Furniture

■ 杆件在遵循结构适用性要求的基础上可进行结构优化设计。杆件一般设计高度可分为三类（图3.2.9）：

Structural optimization designing can be carried out on the basis of following the requirements of structural applicability of member bar. The general designing height of members can be divided into three categories (Figure 3.2.9):

（1）第一类，6m 以下进行通杆设计。

（2）第二类，6~8m 可选择做下粗上细杆设计，也可进行通杆设计。

（3）第三类，8m 以上由于杆件自身自重较大，所承受的风荷载也较大，会有倾覆可能性，所以常规做下粗上细杆设计。

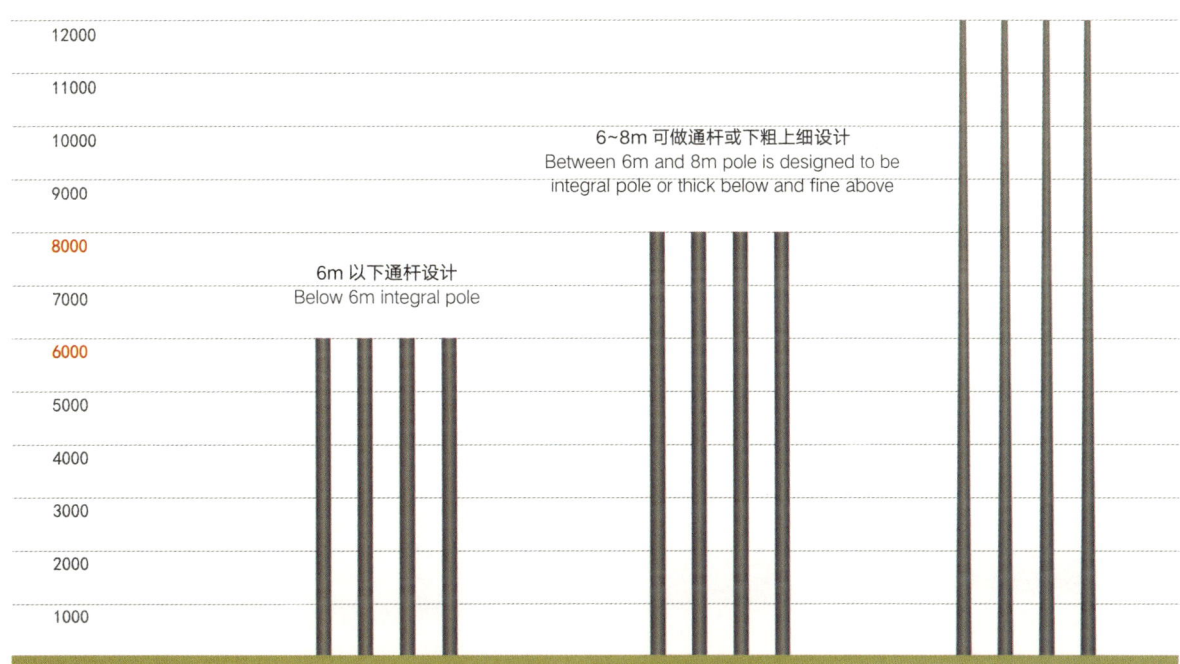

8m 以上常规做下粗上细设计
Above 8m pole is designed to be thick below and fine above as usual

6~8m 可做通杆或下粗上细设计
Between 6m and 8m pole is designed to be integral pole or thick below and fine above

6m 以下通杆设计
Below 6m integral pole

图 3.2.9 城市家具杆件结构设计示意（资料来源：自绘）
Figure3.2.9 Structural Design of Urban Furniture Poles

3.2.3 色彩
Color

色彩是光投射到物体表面所产生的自然现象。人们不仅通过色彩传递、交流视觉信息，而且在社会生活实践当中逐步对色彩发生兴趣并产生对色彩的审美意识，同时产生一系列视觉心理。城市家具从城市角度入手，将色彩作为城市家具的一个部分进行思考与引导，以提高城市家具色彩在整体街道空间中的表现力与控制力。

■ 城市家具色彩使用的基本原则
Basic Principles of Urban Furniture Color Use

（1）城市家具系统整体和单体一般选用一种色彩，相互之间统一协调，一般最多不超过三种色彩。

（2）城市家具在单体中如需多种色彩，需有一个主体色进行控制，其他色彩为辅助色或点缀色。

（3）色彩分布可按色彩比例的规则进行搭配。

■ **色彩比例**
Color Ratio

为使城市家具与周边的建筑和环境景观协调，对城市家具的色彩及配色制定色彩配比的方法，以便准确便捷地引导和控制，即是将城市家具的色彩划分为基调色、点缀色和辅助色，并设定相应的位置和面积配比，如图 3.2.10 所示。

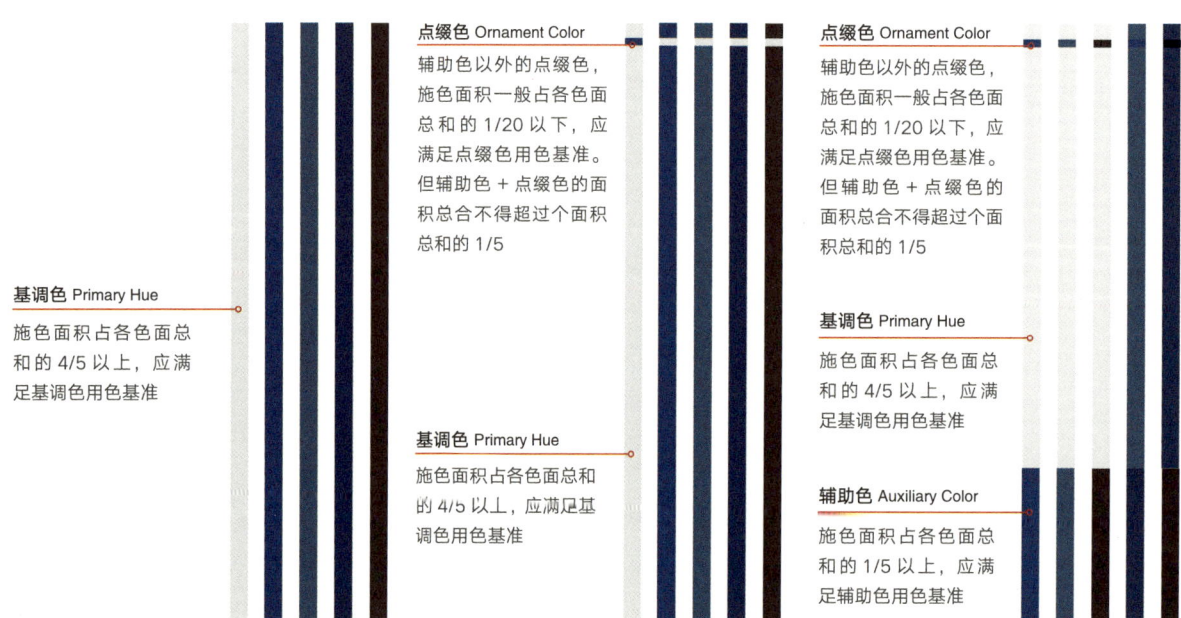

点缀色 Ornament Color
辅助色以外的点缀色，施色面积一般占各色面总和的 1/20 以下，应满足点缀色用色基准。但辅助色 + 点缀色的面积总合不得超过个面积总和的 1/5

点缀色 Ornament Color
辅助色以外的点缀色，施色面积一般占各色面总和的 1/20 以下，应满足点缀色用色基准。但辅助色 + 点缀色的面积总合不得超过个面积总和的 1/5

基调色 Primary Hue
施色面积占各色面总和的 4/5 以上，应满足基调色用色基准

基调色 Primary Hue
施色面积占各色面总和的 4/5 以上，应满足基调色用色基准

基调色 Primary Hue
施色面积占各色面总和的 4/5 以上，应满足基调色用色基准

辅助色 Auxiliary Color
施色面积占各色面总和的 1/5 以上，应满足辅助色用色基准

图 3.2.10 城市家具色彩比例（资料来源：自绘）
Figure 3.2.10 Urban Furniture Color Ratio

■ **城市家具色彩与城市的关系**
The Relation between Urban Furniture Color and City

城市家具色彩应在同一街道整体统一的基础上，进行不同区域不同路段的特色设计。即同一路段上所有城市家具应有且只有一个基础色。在基础色统一前提下可进行辅助色与点缀色的添加与润饰，不同路段不同区域可根据区域特征制定相应的基调色，但同一道路的城市家具不建议出现三种以上基调色，应在符合当地城市色彩规划基础上进行延伸。

■ **城市家具色彩选择建议** Suggestions on Color Selection of Urban Furniture

（1）在环境美学中，黑色不易与环境调和，不宜选择纯黑色。可选用有色彩偏色的深灰色，可避免因城市家具给环境空间带来的沉重和僵硬感。

（2）使用强调色。城市家具是城市环境安全性、秩序性的辅助性公共设施，某些城市家具或特殊部件，需引起人们注意的，可用强调色。而基础色应避免使用高彩度的色彩。

（3）低彩度为主。城市家具基础色多以灰色系、低彩度色彩为主要基础色，容易与空间环境要素形成统一，不突兀，令人感到和谐、舒适。

（4）地域色彩。城市都有地域特色，城市家具色彩应与城市相融合，可用通过对城市环境、地貌、历史照片，进行分析研究得出地域特征色彩，作为城市家具色彩，如图 3.2.11 所示。

图 3.2.11 城市家具色彩选择建议：从色彩地理学入手，对城市色彩进行研究，提出城市家具色彩（资料来源：自摄）
Figure3.2.11 Suggestions on Color Selection of Urban Furniture: Starting from Color Geography, Studying Urban Color and Then Putting Forward Urban Furniture Color

3.2.4 元素与符号
Elements and Symbols

城市家具的设计元素符号主要为对所在地域的文化特征进行高度提炼和概括，对文化元素进行认识和运用，可以通过造型装饰、色彩材料、形态结构等方面进行体现。

The symbols of designing elements of urban furniture are mainly as follows,abstracting and generalizing the cultural characteristics of the region and understanding and application of symbols, which can be embodied in many aspects such as modelling decoration, color materials, morphological structure and so on.

■ **元素提炼** Element Refinement

对历史文脉、民族文脉、地域文脉、时代文脉等诸多设计元素的提炼，提炼后的元素符号要能够准确地反映和概括其被提炼的文脉精神。将城市元素进行艺术设计与加工，转换成城市家具设计所需要的文化元素符号。文化元素符号在城市家具中的运用，使环境中展现特有的城市文化气质。

■ **符号提取** Symbol Extraction

（1）自然元素符号 Symbols of Natural Elements

自然风貌是一个地区文化的重要组成部分，包括气象气候，地形地貌、动植物分布等。不同的自然环境形成不同地区的文化特色，如江苏省连云港海滨大道的海洋文化元素体现（图 3.2.12），动植物也可成为设计灵感提取的文化特色符号，如湖北省咸宁市桂香之城（图 3.2.13）。

图 3.2.12 海滨城市桅杆造型路灯（资料来源：自摄）
Figure 3.2.12 Street Lights with Mast Shape in Seaside Cities

图 3.2.13 咸宁桂花元素的运用（资料来源：自绘）
Figure 3.2.13 Application of Osmanthus Fragrans in Xianning City

（2）经济元素符号 Symbols of Economic Element

经济与技术推动社会发展进程，不同地区决定着各地区不同的经济发展方向，地域范围内的生产原料、发展规模都对这一地区经济发展和方向起着一定的影响力。如经济实力较强的城市，设计元素可以简洁现代，体现城市的速度感（图 3.2.14）。

图 3.2.14 日本东京银座地区路灯（资料来源：自摄）
Figure 3.2.14 Street Light in Ginza, Tokyo

（3）历史元素符号 Symbols of Historical Elements

城市文化的形成与发展都会经历岁月的磨砺，文化随着时间的变化而积累着。历史也是元素提炼的一个方面，是城市家具设计的重要元素。在有历史文化背景的区域，以适当的历史文化为设计元素，不仅可以使历史文化融入环境中，更可以体现传承（图3.2.15）。

图 3.2.15 古镇城市家具系统设计示例（资料来源：自绘）
Figure 3.2.15 Design Example of Urban Furniture System in Ancient Town

（4）社会元素符号 Symbols of Social Elements

社会元素涵盖范围比较大也较为广泛，不同地区都会有各自的差异，例如习俗、民族、宗教、区域定位等，每一个都是其地区自身具备的社会性因素，每个因素本身也是一种文化（图3.2.16）。

图 3.2.16 日本东京浅草寺地区城市家具示例（资料来源：自绘）
Figure3.2.16 An Examples of Urban Furniture in Asakusi area, Tokyo, Japan

3.2.5 材料
Material

材料是关系城市家具品质、质感以及城市家具产品耐久性、舒适度、美观性等的关键因素。在设计中应避免因材料选用不当而造成损失浪费。

Material is the key factor that affects the quality and texture of urban furniture and the durability, comfort and beauty of urban furniture products. It is to avoid the loss and waste caused by improper selection of materials.

材料选用的基本原则：生态环保，经久耐用，价格适中。

The Basic Principle of Material Selection: eco-environmental protection, durable, moderate price.

■ **城市家具中常用的材料有：**Commonly Used Materials in Urban Furniture

（1）金属材料：钢材（热轧钢、不锈钢）、型材（铝型材、合金型材）、铸铁等。

　　a）所有钢构件除锈等级应为 Sa2.5 级。

　　b）所有钢管、金属件需进行热镀锌处理，再进行外饰面喷塑。热镀锌层厚度应符合 GB/T13912 要求。

（2）木材：各类防腐木（杉木、松木）等，防腐木要求应满足 GB 50828 相关规定。

（3）石材：花岗岩。花岗岩要求应满足 GB/T 18601 相关规定。

（4）玻璃：应使用钢化玻璃，钢化玻璃要求应满足 GB 15763 相关规定。

（5）复合材料：运用先进的材料制备技术将不同性质的材料组分优化组合而成的新材料，如塑木、玻璃钢、复合树脂、胶结石，PVC，亚克力等。

■ **常用面层涂装** Commonly Used Surface Coating

（1）油漆 / 金属漆喷塑：在满足基本涂装要求前提下，注重表面质感，如氟碳漆、金属漆等（图 3.2.17）。

（2）木纹漆：又称木纹油属美术漆，与有色底漆搭配，可逼真地模仿木纹效果（图 3.2.18）。

（3）热转印：热转印是一项新兴的印刷工艺，转印加工通过热转印机一次加工（加热加压）将转印膜上精美的图案转印在产品表面，成型后油墨层与产品表面融为一体，色彩鲜艳、层次丰富，适合个性化及定制类产品制作（图 3.2.19）。

（4）丝网印刷：指用丝网作为版基，并通过感光制版方法，制成带有图文的丝网印版。丝网印刷作为一种应用范围很广的印刷，它不受承印物大小和形状的限制，可分为塑料印刷、金属印刷、玻璃印刷、金属广告板丝印、不锈钢制品丝印（图 3.2.20）。

浅灰色　蓝灰色　中灰色

图 3.2.17 油漆／金属漆喷塑工艺（资料来源：自摄）
Figure 3.2.17 Paint/Metal Paint Spraying Crafts

图 3.2.18 木纹漆面层（资料来源：自摄）
Figure 3.2.18 Wood-grain Layer

图 3.2.19 热转印工艺（资料来源：自摄）
Figure 3.2.19 Heat Transfer Technology

图 3.2.20 丝网印刷工艺（资料来源：自摄）
Figure 3.2.20 Screen Printing Technology

3.3 街道类型与城市
家具配置方式

Specifications of Street
Types and Categories of
Urban Furnitures

城市道路是指在城市范围内，供车辆和行人通行的、具备一定技术条件和设施的道路。街道指的是在城市范围内，全路或大部分地段两侧建有各式建筑物，设有人行道和各种市政公用设施的道路。就概念属性和设计内容而言，道路是"基础设施"的属性，强调其交通服务功能，而街道的概念属性是"城市开放空间"，偏重强调其空间界面、景观风貌、环境要素的形态和内涵，并更多考虑慢行需求，满足人们休闲、交流、多样活动的场所服务功能。

Urban roads refer to the ones with certain technical conditions and facilities for vehicles and pedestrians within the city. A street refers to a road that has various buildings on both sides of the road or on most sides of the city and has sidewalk and various municipal utilities. As far as concept attribute and designing content are concerned, road is the attribute of 'infrastructure', emphasizing its traffic service function, while street concept attribute is 'urban open space', emphasizing the form and connotation of its spatial interface, landscape style and environmental elements, and more consideration is given to slow travel demand to meet people's leisure, communication and diverse activities place service function.

城市家具在规划设计中，在满足道路交通服务设施的基础上，其单体乃至整体的造型、色彩、风格、尺度，主要是对应街道的空间属性，与街道的尺度和风貌环境特点相适应。因此，对街道的类型进行定位和分析，进而对城市家具做出精细的设计和配置是十分必要的。

In the planning and designing of urban furniture, on the basis of satisfying the road traffic service facilities, the shape, color, style and scale of the single, and the whole of the furniture should be mainly corresponding to the spatial attributes of the street, which are compatible with the scale of the street and the characteristics of the style and environment. Therefore, it is very necessary to locate and analyze the types of streets, and then make fine designing and configuration of urban furniture.

3.3.1 街道的类型

Types of Streets

城市道路的等级划分，是按照道路在道路网中的地位、交通功能以及对沿线的服务功能等，分为快速路、主干路、次干路和支路四个等级。街道的类型，综合考虑沿街活动、两侧用地类型、街道环境风貌特点、交通功能等，将街道划分为商业街道、生活服务街道、景观休闲街道、交通性街道、综合性街道五种类型[①]。道路等级与街道类型是两个体系的分类方式，两者可以相互交叉。

---

① 上海市规划和国土资源管理局等.上海市街道设计导则 [M].上海：同济大学出版社，2016: 34-35.

■ 商业街道 Commercial Street

沿线以中小规模零售、餐饮等商业为主，具有一定服务能力或业态特色的街道，如图 3.3.1 所示。

Along with small and medium–sized retail, catering and other business as the main, with a certain service capacity or industry characteristics of the streets, as shown in figure 3.3.1.

图 3.3.1 商业街道示例（资料来源：自摄）
Figure 3.3.1 Example of Commercial Street

■ 生活服务街道 Living Service Street

沿线以服务本地居民的生活服务型商业、中小规模零售、餐饮等商业及公共服务设施为主的街道，如图 3.3.2 所示。

The streets along the route are mainly composed of commercial and public service facilities serving local residents, such as living service commerce, small and medium scale retail, catering, etc., as shown in figure 3.3.2.

图 3.3.2 生活服务街道示例（资料来源：自摄）
Figure 3.3.2 Example of Living Service Street

■ 景观休闲街道
Landscape Leisure Street

滨水、景观及历史风貌突出、沿线设置休闲活动服务设施的街道，如图 3.3.3 所示。

Streets with prominent waterfront, landscape and historical features, along the street which leisurel services facilities are provided, as shown in figure 3.3.3.

图 3.3.3 景观休闲街道示例（资料来源：自摄）
Figure 3.3.3 Example of Landscape Leisure Street

■ **交通性街道** Traffic Street

以非开放界面为主，交通通过功能较强的街道，如图 3.3.4 所示。

The streets with closed interface and strong traffic function are shown in figure 3.3.4.

图 3.3.4 交通性街道示例 （资料来源：自摄）
Figure 3.3.4 Traffic Street Sample

■ **综合性街道** Comprehensive Street

道路各街段功能与界面类型混杂，或兼有两种或两种以上类型特征的街道，如图 3.3.5 所示。

The function of each section of the road is mixed with the type of interface, or there are two or more types of street characteristics, as shown in figure 3.3.5.

图 3.3.5 综合性街道示例 （资料来源：自摄）
Figure 3.3.5 Example of an Integrated Street

3.3.2 城市家具设置带
Urban Furniture Zone

城市家具大多集中设置在道路沿线的设施带与侧分隔带中，通常与绿化带结合进行设计，少量种类的设施视道路条件及设计要求设置在中央分隔带上，如路灯、中央分隔带护栏、隔离桩等。

Urban furniture is mostly concentrated on the facilities setting-up zone and side partition setting-up zone along the road, it is usually designed in combination with the green setting-up zone, a small number of types of facilities are placed on the central divider setting-up zone, such as street lights, median barrier and isolation piles, depending on road conditions and designing requirements.

城市家具设置带的分布依据道路中央分隔带、侧分隔带的有无，主要有以下四种断面分布形式（图 3.3.6 ~ 图 3.3.9）：

The distribution of urban furniture zone is based on whether there are median barrier or road divider guardrail or not. There are four main types of cross-section distribution (Figure 3.3.6~Figure 3.3.9):

■ 非机动车与机动车车道共板，无侧分隔带、中央分隔带的道路断面形式。城市家具主要设置在设施带 / 绿化带中，如图 3.3.6 所示。

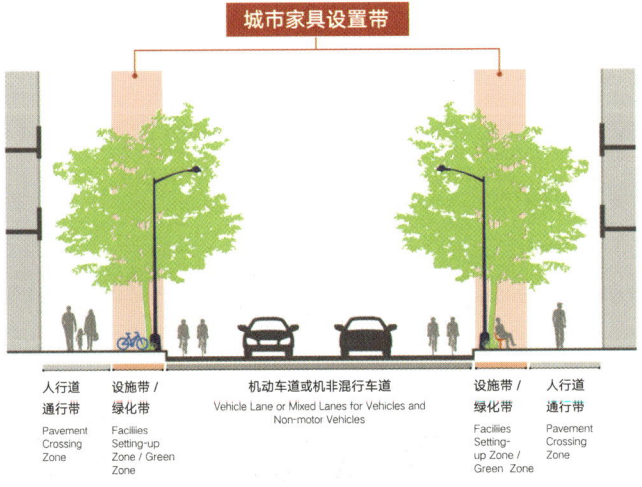

图 3.3.6 城市家具设置带分布图示 1 （资料来源：自绘）
Figure 3.3.6 Figure 1 of Distribution of Urban Furniture Zone

■ 双向机动车道之间设有中央分隔带，机动车与非机动车道间无侧分隔带的道路断面形式。城市家具主要设置在设施带 / 绿化带中，中央分隔带城市家具设置视道路设计要求而定，如图 3.3.7 所示。

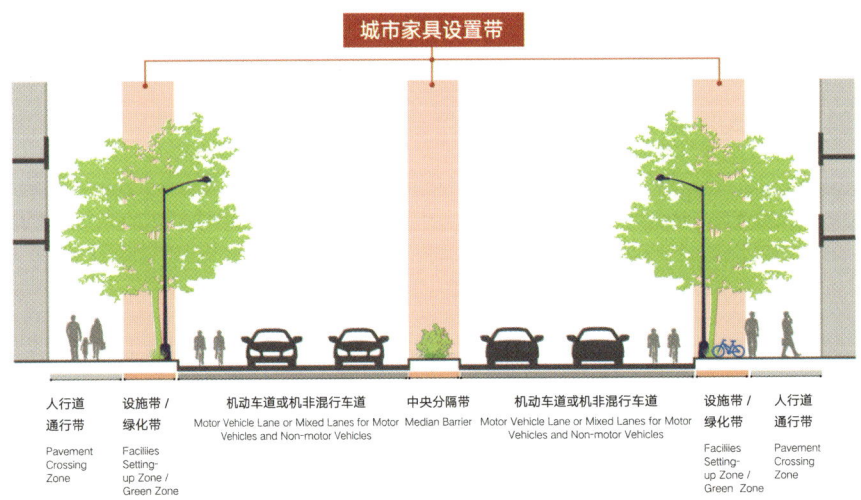

图 3.3.7 城市家具设置带分布图示 2 （资料来源：自绘）
Figure 3.3.7 Figure 2 of Distribution of Urban Furniture Zone

■ 双向机动车道之间无中央分隔带，机动车与非机动车道之间设有侧分隔带的道路断面形式。城市家具主要布置在设施带／绿化带、侧分隔带中，如图 3.3.8 所示。

图 3.3.8 城市家具设置带分布图示 3 （资料来源：自绘）
Figure 3.3.8 Figure 3 of Distribution of Urban Furniture Zone

■ 道路同时设有中央分隔带和侧分隔带的道路断面形式。城市家具主要布置在设施带／绿化带、侧分隔带中，如图 3.3.9 所示，中央分隔带城市家具设置视道路设计要求而定。

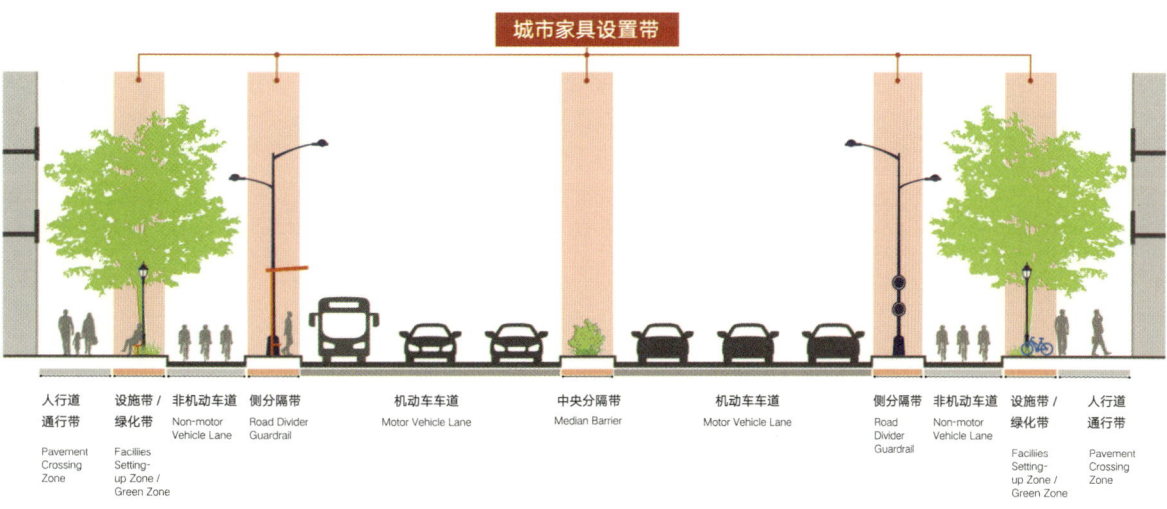

图 3.3.9 城市家具设置带分布图示 4 （资料来源：自绘）
Figure 3.3.9 Figure 4 of Distribution of Urban Furniture Zone

3.3.2.2 慢行系统优先的断面形式
Slow System Priority of Profile Surface

在倡导慢行系统、行人优先的区域，应减少机动车道路幅面（或设为单向机动车道），增加人行道宽度，营造适宜步行者使用和活动的舒适空间，人行道与车行道应平缓衔接，不宜设置路缘石，优化设置各类休闲休憩和服务设施。此外，还可设置专用自行车道，并以设施带/绿化带对机动车通行区域加以隔离，以确保安全通畅。推荐街道断面形式示例及城市家具设置带示意如下（图 3.3.10、图 3.3.11）：

In the areas advocating slow-moving system and pedestrian priority, the width of motor lane should be reduced (or set as one-way motor lane), the sidewalk width should be increased to create a comfortable space suitable for pedestrians to use and move. The sidewalk should be smoothly connected with the driveway, Curbstone should not be set, and all kinds of leisure recreation and service facilities should be optimized. In addition, a special bicycle lane can be set up, and a facilities zone / a green zone can be used to isolate the motor vehicle passage area to ensure a safe and unobstructed traffic. Examples of recommended street section forms and urban furniture zone are illustrated as follows (Figure 3.3.10, Figure 3.3.11):

■ 双向双车道、宽幅步行空间、双向专用自行车道（绿化隔离）断面示意，如图 3.3.10 所示。

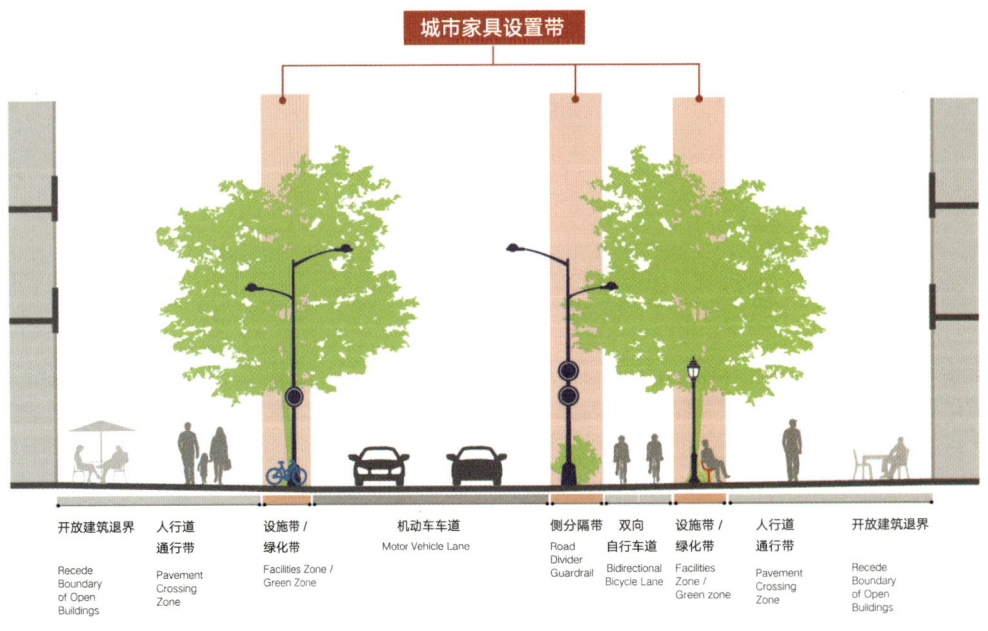

图 3.3.10 城市家具设置带分布图示 5（资料来源：自绘）
Figure 3.3.10 Figure 5 of Distribution of Urban Furniture Zone

■ 单向双车道（右侧围停车道）、单向专用机动车道（绿化带 / 设施带 + 停车道隔离）断面示意，如图 3.3.11 所示。

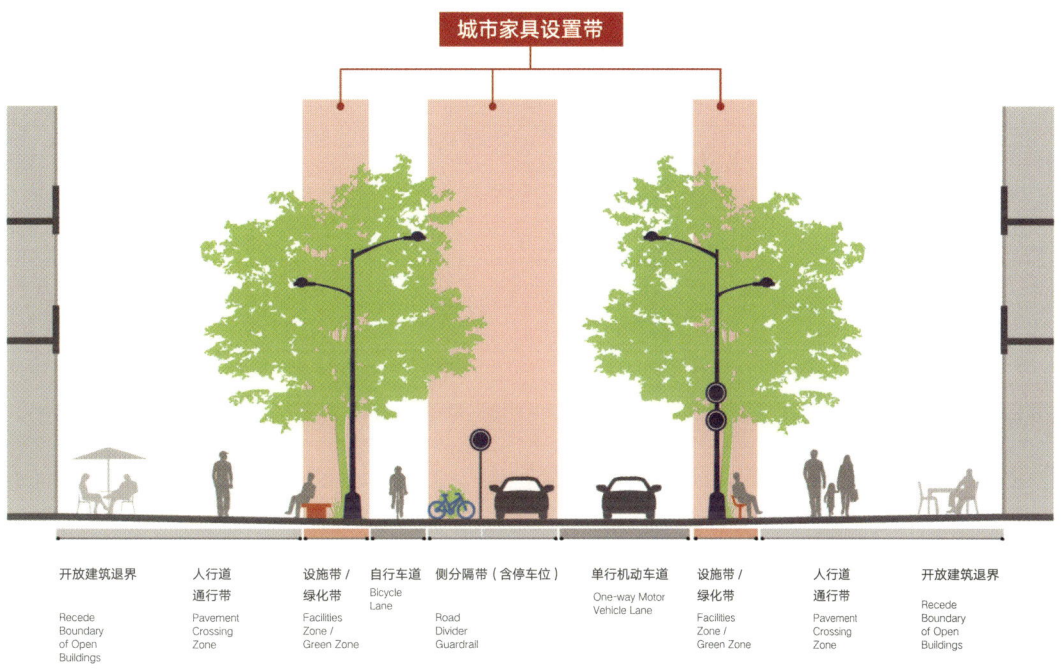

图 3.3.11 城市家具设置带分布图示 6 （资料来源：自绘）
Figure 3.3.11 Figure 6 of Distribution of Urban Furniture Zone

3.3.3 城市家具配置方式
Configuration Way of Urban Furniture

城市家具根据城市家具设施的功能需求程度不同，将城市家具的配置方式主要分为基础型配置、标准型配置、优化组合型配置。

1. 基础型配置 Basic Configuration
仅布置功能性设施，满足道路功能要求，如交通管理设施、城市照明设施，主要用于交通性街道。

2. 标准型配置 Standard Configuration
以功能性城市家具设置为主导的配置方式，如城市照明设施、交通管理设施，在主要道路交叉口及人流密集区域进行公共服务类设施的布置，其主要用于生活型、一般商业型街道空间。

3. 优化组合型配置 Optimizing Combinatorial Configuration

即根据街道的类型及实际服务的需要，对城市家具设施进行优化配置，其优化内容主要包括：

（1）根据空间的关系对城市家具进行功能组合、单体组合、组合设置等。

（2）布置优化，对使用功能互补、设施类别、布置距离接近的设施可进行合杆设置。

（3）统筹分配，城市家具的布置需因地制宜，科学把控。

（4）城市道路中各类杆件应进行一杆多用设计，高效利用、集约交通设施杆件空间。

3.3.4 各类型街道城市家具配置建议

Recommendations on Furniture Configuration in Various Street Cities

1. 交通型街道

以满足道路交通为主，保障交通顺畅的交通管理，根据道路宽度与人流量合理设置护栏与挡车桩。公共交通设施设置应避开道路交叉口、道路开口处，提倡港湾式公交车站设置。

2. 生活服务型街道

集约利用街道空间，保障充足和带有遮阴的慢行通行空间及无障碍设计要求，根据人流量及需求合理地布置公共服务与信息服务设施，为市民生活提供便利。

3. 商业型街道

应保持空间紧凑，强化街道两侧的活动联系，营造商业氛围。提供适应较大规模人流的步行通行区，尽可能齐全地设置公共服务与信息服务设施，注重打造高品质的城市家具。

4. 景观休闲型街道

宜将人行道与沿路绿化带进行一体化景观设计，扩大休闲活动空间。可根据街道空间合理布置公共服务设施，路面铺装设施应满足无障碍设计要求。沿线应结合轨交与公交站点及重要的景观活动节点重点增加公共服务设施，同时与景观设计相结合突出街道的景观特色。

5. 各类型街道推荐配置方式及内容见表 3.3.1 所示

表 3.3.1 各类型街道推荐配置方式
Table 3.3.1 Recommended Configuration of Various Types of Streets

街道类型 Street Types	配置方式 Configuration Way	配置内容 Configuration Content
交通型街道 Traffic Street	基础型配置 Basic Configuration	交通管理设施、城市照明设施、公共交通设施、路面铺装设施 Traffic management facilities, urban lighting facilities, public transport facilities, pavement facilities
生活服务型街道 Living Service Street	标准型配置 Standard Configuration	交通管理设施、城市照明设施、公共交通设施、信息服务设施、公共服务设施、路面铺装设施 Traffic management facilities, urban lighting facilities, public transport facilities, information service facilities, public service facilities, pavement facilities
商业型街道 Business Street	优化组合型配置 Optimizing Combinatorial Configuration	标准型布置 + 组合优化布置，各类服务设施进行组合优化布置 强调设施的组合功能及服务功能 Standard layout + combinatorial optimal layout, and combinatorial optimal layout of various service facilities.Emphasis is placed on the combined functions and functional services of facilities
景观休闲型街道 Landscape Leisure Street	优化组合型配置 Optimizing Combinatorial Configuration	标准型布置 + 组合优化布置，各类服务设施进行组合优化布置 强调设施的设计特色及景观性 Standard layout + combinatorial optimal layout, and combinatorial optimal layout of various service facilities.It emphasizes the design features and landscape of facilities

3.4 城市家具单体设计要点

Designing Requirements of Urban Furniture

3.4.1 一般规定
General Rules

1. 各类城市家具设施应满足道路交通规划与城市设计的要求，并符合国家、行业和地方标准的相关规定。

2. 各类城市家具的外观、体量、材质、色彩设计应与城市的历史文化和风貌相协调，同一区域、道路的同类设施的样式、材质、色彩应协调统一。

3. 各类城市家具应统筹考虑，综合协调，结合人流密度采取集中布置和均匀布置相结合的设置方式，统筹规划设计，科学布点设置，减少公共空间的占用。

4. 应设置在城市家具设置带内，设施边线外人行道通行宽度不宜小于 1m。

5. 为确保行人通行空间顺畅，应避开人行横道线进出口及居住小区、商业设施等进出口处以及无障碍通道，不得妨碍无障碍设施建设和使用。

6. 对于改造道路，应紧紧围绕改善市容市貌的目标，充分调研和梳理现有的城市家具，进行相应的维护、更新、增设或移除，对其进行系统性的提升和优化。

3.4.2 交通管理设施
Traffic Management Facilities

1. 基本要求 Basic Requirements

（1）交通管理设施基本要求应按照 GB 14887、GB 50688、GB 5768、GB 51038 等规范执行。

（2）同一个城市或片区的交通管理设施色彩、造型、风格等应尽量统一，并与其他各类城市家具等进行系统设计，与道路环境景观相协调。个别特殊区域的道路可适当进行特色设计。

（3）对杆件类道路交通管理设施应进行减量与整合，按照"能合则合"的原则，对交通信号灯、交通监控杆、指路指示标志牌、禁令标志牌、警告标志牌等各类设施杆件进行集约化杆件共用的设计，即"综合杆"设计，也称为"一杆多用"（详见第 5 章 5.3 节），如图 3.4.1 所示。

图 3.4.1 上海外滩综合杆示例（资料来源：自摄）
Figure 3.4.1 Examples of Shanghai Bund Smart Multi-functional Pole

2. 杆件类交通设施 Pole Transportation Facilities

（1）包括独立设置的交通信号灯、交通监控杆、交通标志牌、综合杆以及路灯杆。

（2）布设于中央／侧分隔带或人行道内设施带时，各类设施杆件应中心对齐（图 3.4.2、图 3.4.3）。

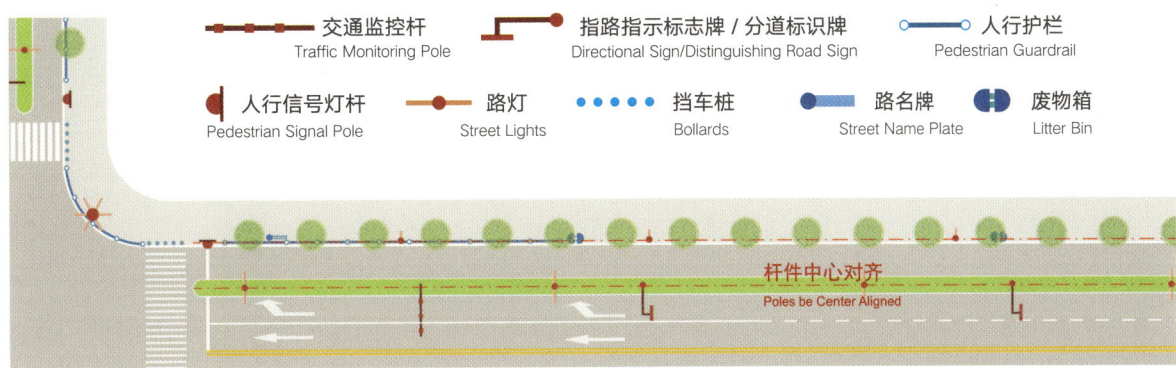

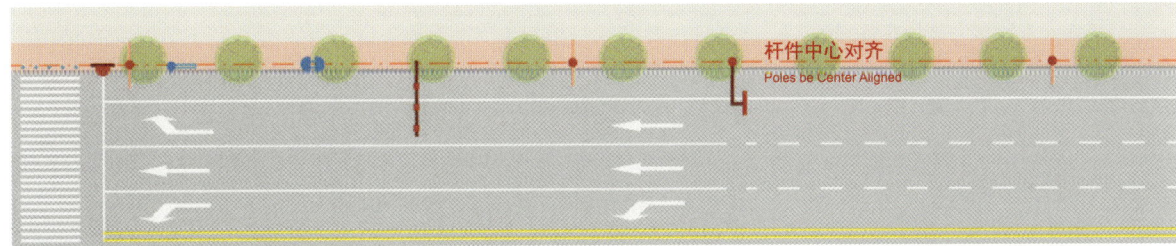

图 3.4.2 交通管理设施布置于侧分隔带与人行道设施带的设置要求（资料来源：自绘）

Figure 3.4.2 Requirements for the Layout of Traffic Management Facilities in Road Civider Guardrail and Sidewalk Facilities Setting-up Zone

说明：交通信号灯、交通监控杆、指路指示标志牌、禁令标志牌、警告标志牌布置于中央／侧分隔带时，应与同样布置于隔离带内的其他设施中心对齐。同时应本着一杆多用的原则，对上述杆件及路灯进行合杆设计。

Description: Traffic Signal, traffic monitoring poles, direction signs, prohibition signs and warning signs should be aligned with the centerline of other facilities in the same isolation zone placed in the median barrier / road divider guardrail. At the same time, the above poles and street lights should be designed according to the principle of multi-purpose poles.

图 3.4.3 杆件类交通设施布设于中央／侧分隔带时中心对齐示例（资料来源：自摄）
Figure 3.4.3 Example of Center Alignment of Traffic Management Facilities Placed in Median Barrier / Road Divider Guardrail..

（3）当道路无侧分及中央分隔带时，应设置在人行道设施带内，杆体不得设置在人行横道线交界区域内，占用或者阻碍人行道通行。

（4）应综合协调各类杆件与行道树的关系，避免行道树对交通标志牌、监控设施、信号灯的遮挡。

（5）当标志杆与路灯杆并杆时，应充分考虑避免交通标志"灯下黑"的问题，杆件宜设置在相邻两棵树正中间，并确保满足设计照度要求。

3. 中央分隔带护栏、侧分隔带护栏
Median Barrier , Road Divider Guardrail

（1）根据需要布设中央分隔带护栏与侧分隔带护栏，其布设宜以交叉路口停止线为起始点，同时应根据行驶轨迹不得妨碍车辆的正常行驶，起始点应设置端部警示标识。

（2）单片护栏长度与高度应充分考虑功能要求、生产工艺及布设区域要求。

（3）应在护栏立柱布设反射器、反光膜、主动警示发光等。

4. 人行护栏 Pedestrian Guardrail

（1）应从人行道缘石坡道结束位置开始布设，人行护栏及柱桩应紧贴路缘石内边线布设（图 3.4.4）。

（2）单片护栏长度与高度应充分考虑功能要求、生产工艺及布设区域要求。有跌落危险处的护栏垂直杆件净距不应大于 0.11m，且不宜采用有蹬踏面的结构。

（3）非完全隔离或起到警示作用的人行护栏可采用柱状加链条的形式（图 3.4.5）。

图 3.4.4 人行护栏示例（资料来源：自摄）
Figure 3.4.4 Examples of Pedestrian Guardrail

图 3.4.5 人行护栏示例（链条形式）（资料来源：自摄）
Figure 3.4.5 Examples of Pedestrian Guardrail（Chain Form）

5. 绿化防护栏 Garden Fence

（1）绿化防护栏主要为保护绿化带内植物，防止行人穿越踩踏而设置。由于硬隔离会对周边环境景观造成一定的影响，如设计不当会使空间环境产生冰冷、生硬和被分割的感觉，应尽可能不设置或少设置。

（2）单从绿化养护管理的角度进行必要性设置时，绿化防护栏的设计在材料、造型、色彩方面应注意与街道整体风貌相适应，与周边环境相融合，与其他城市家具协调统一。

（3）在人行道较宽且适宜人们休闲活动的街道，可设置多功能绿化防护栏，设计兼具为街道路边为人们提供休憩座椅的功能，造型新颖，设计的尺度和形态符合人体工程学（图3.4.6）。

（4）绿化防护栏的材料使用应以坚固、安全、耐用为前提，施工便捷、管养方便。

图 3.4.6 绿化防护栏示例（资料来源：自摄）
Figure 3.4.6 Example of Garden Fence

6. 挡车桩 Bollards

（1）材料应根据设置的位置与功能需求，可选用石材、铸铁、不锈钢、镀锌钢、铝合金等坚固的材料制作（图3.4.7～图3.4.9）。

（2）桩间距宜为 1.3~1.5m，高度宜为 0.6~0.8m。

（3）为防止夜间行人或骑车者误撞造成伤害，应布设反光膜、警示灯等。

（4）在一些特色街区或景观节点，花箱可作为兼具挡车桩与装饰功能的设施，独立或与挡车桩进行组合设置，如图 3.4.10 所示。

图 3.4.8 挡车桩示例（资料来源：自摄）
Figure 3.4.8 Examples of Bollards

图 3.4.7 挡车桩柱头制有南北向标识（资料来源：自摄）
Figure 3.4.7 North-South Markings on the Stud Heads of Bollards

图 3.4.9 异形挡车桩示例（资料来源：自摄）
Figure 3.4.9 Examples of Special-shaped Car Bollards

图 3.4.10 花箱兼具挡车桩示例（资料来源：自摄）
Figure 3.4.10 Example of Flower Box with the Function of Bollards

7. 施工围栏 Construction Fence

（1）施工围栏主要功能是将脏乱差的施工现场与街道环境隔离起来，并起到安全防护作用。安全、便捷、临时性是其基本特征，同时又是高质量的城市建设和精神文明体现的重要载体，应注重在艺术性、现代性、教育性方面展现"环境美"。

（2）施工围栏的设计和表现内容可做成立体绿化挡墙、广告宣传围栏、公共艺术作品围栏等形式（图 3.4.11、图 3.4.12）。

（3）城市重点区域建设改造时，可邀请艺术家对施工围栏做特色化、艺术化、主题化内容的外观设计，使之成为城市客厅的临时展示艺术品，营造街区活力、魅力。

图 3.4.11 艺术主题形式施工围栏示例（资料来源：自摄）
Figure 3.4.11 Examples of Art Theme Form Construction Fence

图 3.4.12 立体绿化挡墙形式施工围栏示例（资料来源：自摄）
Figure 3.4.12 Example of Construction Fence in the Form of Three-dimensional Green Retaining Wall

8. 隔声屏
Acoustic Barrier

（1）隔声屏应结合用地功能，同时考虑降噪功能的需求以及对外部环境景观的影响，在非功能需要的路段不应设置。

（2）必要设置的路段，应在一定区段内保持外观样式的统一性。

（3）隔声屏的色彩和材料应与沿线其他道路附属设施相协调，与周边景观、外部景观相融合，造型设计应简洁洗练（图3.4.13）。

（4）隔声屏材料宜选用视线通透的，使驾驶员能够观望外部环境，对内对外尽可能减少存在感和压迫感。

（5）在已建路段，隔声屏设置应在挡墙上部安装，而避免在挡墙外部设置外挂式遮音板。

图 3.4.13 隔声屏（资料来源：自摄）
Figure 3.4.13 Acoustic Barrier

图 3.4.14 户外市政箱及装饰罩示例（资料来源：自摄）
Figure 3.4.14 Example of Outdoor Utility boxes and Art Wraps

9. 户外市政箱及装饰罩
Outdoors Utility Boxes and Art Wraps

（1）户外市政箱及装饰罩色彩应与周边道路及景观相协调，做到美观、大方（图3.4.14）。

（2）同路段各专业配电箱外形应协调统一，并配上标志铭牌，注明控制箱类别、产权单位、报修电话及警示标语。

（3）各专业配电箱宜本着集约设置的原则，进行小型化、箱体共用式的设计（图3.4.15）。

（4）户外市政箱及装饰罩一般布设在公共设施带、路边绿化带内，不应布设于路口人行道、居住小区和商业设施等进出口处，避免影响道路交通。箱体应安全可靠、维护便捷。

（5）不应在路口视距三角区内设置市政箱，避免交通安全隐患。

图 3.4.15 日本小型化户外市政箱示例 （资料来源：自摄）
Figure 3.4.15 Examples of Japanese Miniaturized Outdoor Municipal Box

3.4.3 城市照明设施
Urban Lighting Facilities

1. 基本要求 Basic Requirements

（1）城市照明设施基本要求应按照 CJJ 45、JGJ/T 163 等规范执行。

（2）路灯、高杆灯是合杆设施的主要载体，应按照"能合则合"的原则，对交通信号灯、交通监控杆、指路指示标志牌、禁令标志牌、警告标志牌等各类杆件进行集约化设置。

（3）路灯、高杆灯、步道灯等照明设施杆体应与其他各类城市家具进行系统设计，在色彩、造型、风格方面与其他设施和周边环境风貌整体协调统一。

2. 路灯 Street Lights

（1）路灯造型设计新颖，可体现当地特色文化。对景观要求较高或照明要求较高路段，可增加灯杆杆体照明设计（图 3.4.16）。

（2）在侧分隔带或中央分隔带中安装时，应居中设置，与其他大型交通标志牌中心对齐。在人行道上安装时，距离路缘石 0.3±0.1m。

图 3.4.16 路灯示例（资料来源：自摄）
Figure 3.4.16 Examples of Street Lights

3. 高杆 / 半高杆照明灯 High / semi-half Mast Lighting

设置时应根据场所的特点，选择具有合适功率和配光的泛光灯或截光型灯具，满足照明功能的要求（图 3.4.17）。

图 3.4.17 高杆灯示例（资料来源：自摄）
Figure 3.4.17 Examples of High Mast Lighting

4. 步道灯 Sidewalk Lights

（1）商业步行街、人行地道、天桥以及有必要单独设灯的非机动车道和人行道，在满足照明标准值的前提下，应采用与道路环境协调的功能性和装饰性相结合的步道灯（图 3.4.18）。

（2）步道灯与路灯的设置以交叉路口距离停止线 3.0~10.0m 为起终点。

图 3.4.18 步道灯示例（资料来源：自摄）
Figure 3.4.18 Examples of Sidewalk Lights

5. 草坪灯 Lawn Lights

（1）安全、实用、符合功能的要求，是草坪灯设置的前提。一般情况下草坪灯要使用安全电压，光源使用寿命要长，光度不宜强。

（2）设计新颖，造型可体现个性，高度要适宜（图 3.4.19）。

（3）因施工、建设等需求，设置位置等要统筹考虑维修、管养等因素。

（4）材料耐用，色彩稳重不突兀。

图 3.4.19 草坪灯示例（资料来源：自摄）
Figure 3.4.19 Examples of Lawn Lights

3.4.4 路面铺装设施
Road Pavement
Facilities

1. 人行道铺装 Sidewalk Pavement

（1）应满足稳定、抗滑、平整、生态环保和协调城市景观的要求，其设计应实用、经济、美观、耐久。

（2）应符合海绵城市要求，进行透水性设计，铺装材料可选用透水混凝土、透水沥青、大规格透水砖等。

（3）可根据交通组织及城市管理的需要，在路面增设铺装标识、标线、彩色铺装等，起到规定、提示、指引、禁止等功能（图 3.4.20）。标志应尺度适宜、信息明确。

图 3.4.20 铺装标识示例（资料来源：自摄）
Figure 3.4.20 Examples of Pavement Marking

2. 盲道 Tactile Ground Surface Indicator

（1）盲道基本要求应按照 GB 50763 等规范执行。

（2）盲道的颜色宜与相邻的人行道铺面的颜色形成对比，并与周围景观相协调（图 3.4.21、图 3.4.22）。

（3）盲道型材表面应防滑。宽度宜为 0.3~0.6m，可根据道路宽度选择低限或高限，盲道纹路应凸出路面 4mm 高。

（4）盲道铺设应连续，避开树木（穴）、电线杆、拉线等障碍物。

图 3.4.21 盲道铺装示例（资料来源：自摄）
Figure 3.4.21 Examples of Tactile Ground Surface Indicator

图 3.4.22 盲道铺装示例（资料来源：自摄）
Figure 3.4.22 Examples of Tactile Ground Surface Indicator Pavement

3. 路缘石 Curbstone

（1）应按照道路等级、建设规模、景观环境和使用要求进行设计。

（2）人行道在各交叉路口、小区及单位临街出入口位置必须设置缘石坡道。缘石坡道的坡口与车行道之间宜衔接平顺，路缘石与道路路面高差应不大于 1cm（图 3.4.23）。

（3）人行横道口缘石坡道坡口中心线宜与人行横道线中线一致。

（4）道路交叉口缘石坡道建议采用全宽落底单面坡道（图 3.4.24）。

图 3.4.23 缘石坡道示例（资料来源：自摄）
Figure 3.4.23 Example of the Curb Ramp

图 3.4.24 人行道交叉口缘石坡道示例（资料来源：自摄）
Figure 3.4.24 Example of the Curb Ramp at a Crossing Road

4. 树池 / 树篦 Tree Well / Tree Grilles

（1）尺寸应与人行道铺装统一设计，形成一定的比例模数关系。

（2）树池 / 树篦铺装面宜与人行道铺装平齐（图 3.4.25、图 3.4.27）。

（3）树篦宜使用玻璃钢格栅、环保橡胶、弹石铺砌等材料。

（4）在公园、广场、商业步行街等休闲活动场所，树池宜结合座椅进行设计（图 3.4.26），或提供座椅功能的集约化 / 功能复合型设计。

树池/树篦
与铺装面齐平

图 3.4.25 树池 / 树篦设计要求（资料来源：自绘）
Figure 3.4.25 Tree Well/ Tree Grilles Design Requirements

图 3.4.26 树池结合座椅示例（资料来源：自摄）
Figure 3.4.26 Example of Tree Well Combined Seat

图 3.4.27 树池 / 树篦示例（资料来源：自摄）
Figure 3.4.27 Tree Well/ Tree Grilles Example

5. 检查井盖 Manhole Cover

（1）各类井盖需符合 GB/T 23858 中的相关标准要求。

（2）检查井盖设计应与路面铺装协调，宜采用隐形井盖，装饰面层应与路面铺装统一（图 3.4.28），也可采用特色图案设计的井盖（图 3.4.29）。

（3）井盖铺装面应与人行道铺装面平齐，高差不得大于 1cm。

图 3.4.28 隐形井盖做法示例（资料来源：自摄）
Figure 3.4.28 Making method Example of Invisible Manhole Cover

图 3.4.29 检查井盖示例（资料来源：自摄）
Figure 3.4.29 Example of Manhole Cover

3.4.5 信息服务设施
Information Service Facilities

1. 基本要求 Basic Requirements

（1）信息服务设施是指提供区域内道路、场所、公共宣传等信息的服务设施，主要包括路名牌、步行者导向牌、户外广告设施、智能电子信息牌等，通常设置在道路人行道边，以及公园、广场、旅游景区等区域。

（2）信息服务设施基本要求应按照 GB 50688、GB/T 10001、GB/T 20501、GB/T 31015 等规范执行。

（3）所有信息服务设施设置不得阻碍行人通行。人行道宽度小于 1m 时，不得设置立杆式户外广告设施、宣传阅报栏。对于新建和改建道路，路名牌、应尽可能与大型杆件类交通管理设施进行合杆设置。

（4）信息服务设施在色彩、风格、样式方面应与其他城市家具及周边环境风貌整体协调统一。

2. 路名牌 Street Name Plate

（1）路名牌应尽可能与其他交通设施或照明杆件合杆设置（图 3.4.30）；单独设置时，应根据周边环境,结合道路结构、交通状况、周边绿化及设施等，设置在行人、车辆最易看见的位置。

（2）设置在人行道时，应在距离停止线 2.0~4.0m，距离人行道路缘石外侧 0.3m 处，与行车方向平行。

（3）杆体应与区域内其他城市家具设施进行系统设计。

图 3.4.30 路名牌合杆设置示例（资料来源：自摄）
Figure 3.4.30 Street Name Plate Pole Setting Example

图 3.4.31 区域导向标识牌（资料来源：自摄）
Figure 3.4.31 Area-oriented Signage

3. 步行者导向牌 Pedestrian Wayfinding Sign

（1）火车站、地铁站、公交枢纽站、城市公共设施集中的区域应设置步行者导向牌，步行者导向牌的主要形式有区域导向标识牌（含街区导向图）、设施指引标识牌（指示周边公共设施方向、距离等），如图 3.4.31~ 图 3.4.33 所示。

（2）区域导向标识牌主要设置在站前广场及主要道路交叉点，可与设施指引标识牌一体化设计；设施指引标识牌主要设置在导引前往目的地的道路路径上的路边或路口。

（3）步行者导向牌应考虑区域的服务半径和接续关系，从出发地至指引目的地各层级的导向标识牌应紧密衔接，通常应在每 5~10 分钟步程内设置一个，确保方向及位置信息准确。

图 3.4.32 设施指引标识牌示例（资料来源：自摄）
Figure 3.4.32 Facility Guidance Signage Example

图 3.4.33 附有街区导向图的路名牌示例（资料来源：自摄）
Figure 3.4.33 Example of a Street Name Plate with a Street-oriented Map

4. 户外广告设施 Outdoor Advertisment Facility

（1）地方制定广告设施管理办法及相关专项规划的，户外广告设施应遵循当地的相关管理要求和设计规范。

（2）户外广告设施应尽可能少设置，在不影响城市美观的前提下合理设置，并对所张贴广告的色彩、幅面尺寸、载体设施的占比进行控制，与周边环境相适应，兼顾昼夜景观，如图 3.4.34 所示。

（3）对于大量和过度设置广告、严重影响市容市貌的区域，应进行整顿或专项整治，移除大型广告设施。

（4）人流密集、建筑密度高的城市道路沿线，城市主要景观道路沿线，主要景区内，不应设置大型广告设施。

（5）户外广告设施不应损害建筑物、街景和城市轮廓线的重要特征，不应破坏被依附载体的整体效果，其设置位置、形式、大小、色彩、图案应与区域内其他城市家具设施和周边环境风貌协调。

（6）有下列情形之一的，禁止设置户外广告设施：

- 利用交通安全设施、交通标志杆件的。
- 影响市政公共设施、交通安全设施、交通标志使用的。
- 妨碍居民正常生活，损害城市容貌或建筑物形象的。
- 利用行道树或损毁绿地的。
- 国家机关、文物保护单位和名胜风景点的建筑控制带。
- 当地县级以上地方人民政府禁止设置户外广告的区域。

图 3.4.34 户外广告设施示例（资料来源：自摄）
Figure 3.4.34 Examples of Outdoor Advertisment Facility

5. 智能电子信息牌 Digital Signage

（1）城市核心区域或重要地段可提高信息服务设施的造价档次，设置智慧交互式的智能电子信息牌。

（2）整合智能系统及搭载模块可包括：可触式电子屏、区域标识导向系统、寻路查询、周边公共设施信息查询、新闻服务、广告播放、实时监控、wifi 热点、SOS 一键报警、打车服务、手机充电、电动自行车充电、太阳能光伏等（图 3.4.35）。

（3）可设置在公交车站，与候车亭、站牌（因场地狭小无法设置候车亭的场地）等设施进行一体化、集约化设计（图 3.4.36）。

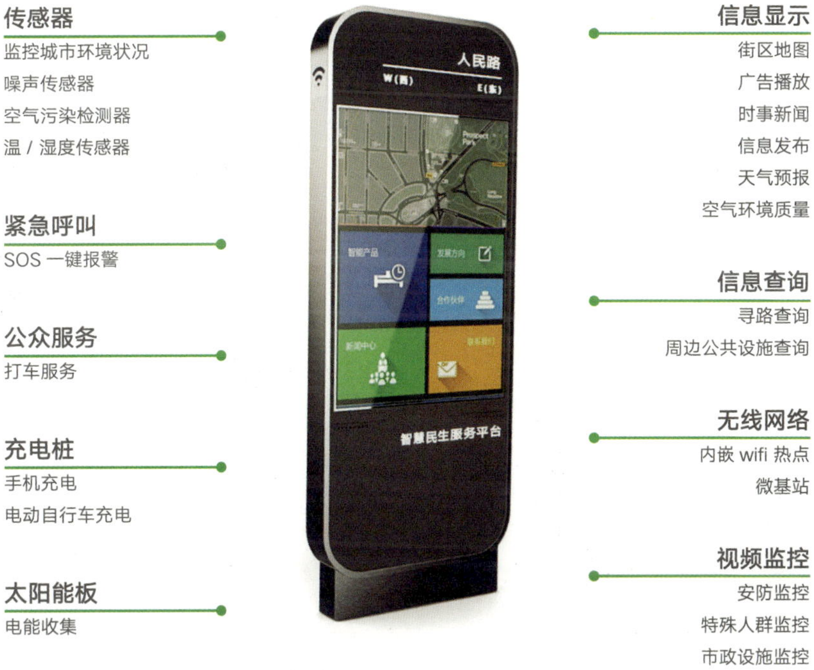

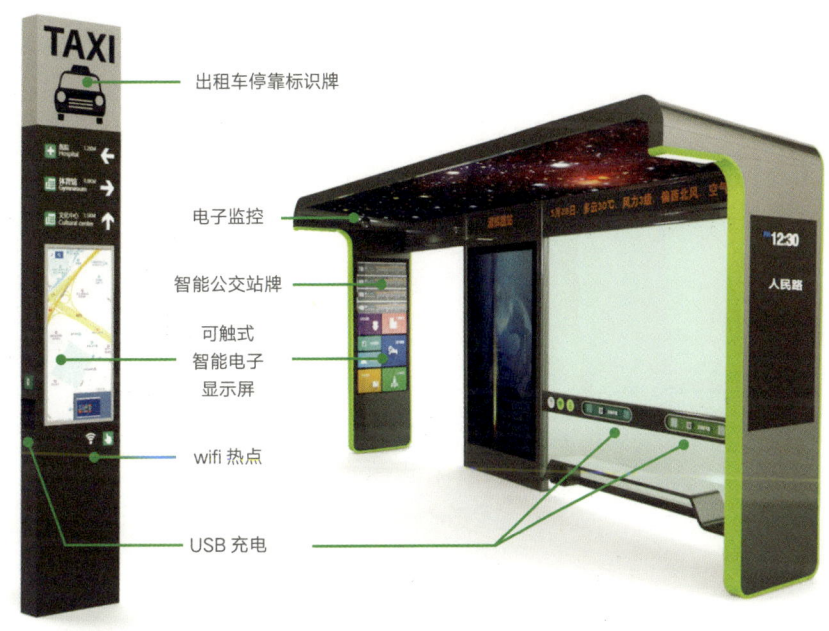

传感器
监控城市环境状况
噪声传感器
空气污染检测器
温 / 湿度传感器
紧急呼叫
SOS 一键报警
公众服务
打车服务
充电桩
手机充电
电动自行车充电
太阳能板
电能收集
人民路
智慧民生服务平台
信息显示
街区地图
广告播放
时事新闻
信息发布
天气预报
空气环境质量
信息查询
寻路查询
周边公共设施查询
无线网络
内嵌 wifi 热点
微基站
视频监控
安防监控
特殊人群监控
市政设施监控

图 3.4.35 智能电子信息牌示例
Figure 3.4.35 Example of Digital Signage

（资料来源：自绘）

TAXI
出租车停靠标识牌
电子监控
智能公交站牌
可触式
智能电子
显示屏
wifi 热点
USB 充电
12:30
人民路

图 3.4.36 智能电子信息牌在标识导向牌、公交候车亭的搭载应用
Figure 3.4.36 Digital Signage in the Application of the Identification Guide Card, Bus Shelter

（资料来源：自绘）

3.4.6 公共交通设施

Public Transportation
Facilities

1 公共交通设施基本要求应按照 CJJ 136、CJJ/T 15 等规范执行。

2. 候车亭 Bus Shelter

（1）候车亭应设有立柱、顶篷，并宜设置座椅或靠架等，各类构件应安全、坚固、耐用，且整体宜通透、美观、节能、易于识别。

（2）候车亭的式样、材料、颜色等应与当地环境特征相协调，考虑功能实用与外形美相结合（图 3.4.37）。

（3）候车亭应根据具体条件考虑形式和尺寸，可采用模块化结构设计的做法（详见第五章"5.1 标准化与模块化"）。

（4）在人行道上设置公交候车亭时，应保证至少 1.5m 宽的人行通行带。

图 3.4.37 候车亭示例（资料来源：自摄）
Figure 3.4.37 Examples of Bus Shelter

3. 站牌 Stop Board

（1）在车站设置的乘车指示牌，应标明线路名、沿线各站站名（标明本站）、运行方向、运营时间等（图 3.4.38）。

（2）站牌的设计应简洁，与周边环境相协调。

4. 出租车停靠标识牌 Taxi Stop Sign

（1）宜与公交候车亭组合布设，在机动车来车方向距离公交候车亭 2.0~5.0m 之间设置。

（2）可结合候车亭以及周边环境特点进行特殊造型设计（图 3.4.39）。

图 3.4.38 站牌示例（资料来源：自摄）
Figure 3.4.38 Examples of Stop Board

图 3.4.39 出租车停靠标识牌示例（资料来源：自摄）
Figure 3.4.39 Examples of Taxi Stop Sign

5. 非机动车存车架 Cycle Stands

（1）非机动车存车架设计应人性化、美观轻巧、取用方便。样式、颜色等应与周边环境相协调，如图 3.4.43。

（2）非机动车存车架的设置应与道路、交通组织和市容管理要求相适应，宜与交通护栏结合设计。在宽度 3m 以下的人行道中不应设置非机动车存车架，可用停放点地面标识代替，如图 3.4.40；如确需设置的应保证至少 1.5m 的通行带 。

（3）在地铁、公交场站等交通枢纽区域，宜考虑自行车集约化空间存储设计，如双层或多层自行车架、专用自行车库等（图 3.4.41、图 3.4.42）。

图 3.4.40 非机动车停放标识（资料来源：自摄）
Figure 3.4.40 Cycle Parking Sign

图 3.4.41 双层式立体存车架示例（资料来源：自摄）
Figure 3.4.41 Example of Double-layer Stereo Cycle Stands

图 3.4.42 垂直绿化自行车停车库（资料来源：自摄）
Figure 3.4.42 Vertical Green Bicycle Parking Garage

图 3.4.43 非机动车存车架示例（资料来源：自摄）
Figure 3.4.43 Example of Cycle Stands

6. 公共自行车设施 Public Bicycle Facilities

（1）公共自行车设施样式、颜色应与周边环境相协调，且与所在道路
城市家具整体风格色彩统一。

（2）公共自行车设施服务站点的布局、设点应符合城市公共自行车服
务点布局设点要求（图 3.4.44）。

图 3.4.44 公共自行车设施示例（资料来源：自摄）
Figure 3.4.44 Examples of Public Bicycle Facilities

7. 电动汽车充电桩 EV Charging Pile

（1）设计要美观、实用、可靠。

（2）电动汽车充电桩安装地点、位置要注意使用者的方便便捷，也要与环境统一和谐，不突兀（图 3.4.45）。

（3）所有设计和制造及施工要在满足可靠性的前提下，综合考虑建设费用及长期使用和维护的费用问题。

图 3.4.45 电动汽车充电桩示例（资料来源：自摄）
Figure 3.4.45 Examples of Electric Vehicle Charging Pile

8. BRT 站台 BRT Platform

（1）BRT 是一个城市重要的交通工具，BRT 站台在城市道路空间中的体量很大，是影响城市街道环境景观的重要因素，因而城市在建设 BRT 时应特别注意 BRT 站台本体的系统性及艺术性的设计，同时也要与其他城市家具、街道环境和谐统一（图 3.4.46）。

（2）BRT 站台由多个设施配套组成。站台设计及交通流线应体现以人为本，安全、便捷、美观、实用、统一、和谐是 BRT 站台设计的关键要素。

图 3.4.46 BRT 站台（资料来源：自摄）
Figure 3.4.46 BRT Platform

3.4.7 公共服务设施
Public Service Facilities

1. 基本要求 Basic Requirements

（1）各类公共服务设施外观、体量、材质、色彩设计应与城市的历史文化和风貌相协调，同一区域，或同一道路的同类设施的样式、材质、色彩应协调统一。设施材质应坚固耐久、环保防腐、易于维护。

（2）设施名称标识和图形符号应按照 GB/T 10001、GB/T 20501、GB/T 31015 等规范执行。

（3）除经户外广告设置规划批准的设施，其他设施不应附着或显示商业广告、公益广告、海报等，不应悬挂、张贴标语宣传品。

（4）各类设施应统筹考虑，综合协调，适当组合，减少占用路侧带公共空间，设施设置后，人行道剩余宽度应不小于表 3.4.1 的要求。

表 3.4.1 人行道剩余宽度
Table 3.4.1 Remaining Width of the Sidewalk

项目 Program	人行道剩余宽度（m）Remaining Width of the Sidewalk（m）	
	一般值 General Value	最小值 Minimum Value
快速路辅路、主干路 High Way Auxiliary Road, Arterial Road	4.0	3.0
次干路 Secondary Main Road	3.5	2.5
支路 Branch Road	3.0	2.0
商业或公共场所集中路段 Concentrated Road Sections of Commercial or Public Areas	5.0	4.0
火车站附近路段 Road Section Near Railway Station	5.0	4.0
长途汽车站附近路段 Road Section Near Long-distance Bus Station	4.0	3.0
轨道交通出入口、综合客运枢纽周边 50m 范围内 Rail Transit Entrance, within the 50m Perimeter of the Comprehensive Passenger Hub	4.0	3.0

2. 景观小品 / 公共艺术品 Landscape Accessones / Public Artwork

（1）一般可在商业型街道、生活服务型街道和景观休闲型街道中设置。

（2）景观小品及公共艺术品的大小和比例应与周边环境的空间尺度相适应。设置需与周边环境相协调，一般布置于城市道路周边广场空地或绿地等重要景观节点（图 3.4.47~ 图 3.4.49）

图 3.4.47 景观小品 / 公共艺术品示例（资料来源：自摄）
Figure 3.4.47 Examples of Landscape Accessories / Public Artwork

图 3.4.48 景观小品 / 公共艺术品示例（资料来源：自摄）
Figure 3.4.48 Examples of Landscape Accessories / Public Artwork

图 3.4.49 景观小品 / 公共艺术品示例（资料来源：自摄）
Figure 3.4.49 Examples of Landscape Accessories / Public Artwork

3. 座椅 Seats

（1）座椅的外形及色彩搭配应当与周边的环境相协调，相依托。景观环境要求高的路段，其样式宜与人行道环境相结合进行特色设计。设计风格应结合城市或周边环境的文化特色元素，给整体环境带来生机和内涵（图 3.4.50）。

（2）人行道宽度在 5m 以下时，座椅应充分考虑人行道和路外绿地、行道树、护栏、建筑退界空间的结合设置（图 3.4.51）。

图 3.4.50 座椅示例（资料来源：自摄）
Figure 3.4.50 Example of Seat

图 3.4.51 结合景观及绿化设施设计的座椅示例（资料来源：自摄）
Figure 3.4.51 Examples of a Seat Designed in Combination with Landscape and Greenery

4. 废物箱 Litter Bin

（1）废物箱应有明显标识并易于识别。分类废物箱的分类标志的颜色和字体应符合 GB/T 19095 的规定（图 3.4.52）。

（2）废物箱的设置和细分类应满足地方规定，设计以人为本，符合实用、经济、安全的原则，并应与周围景观环境及城市家具整体风格相协调（图 3.4.53）。废物箱的材质应按照可循环利用、防雨、抗老化、防腐、阻燃的要求选材。

（3）交叉路口距离切点 15m 外或距人行横道外边线 2~6m 处开始布设，位置应距离人行道路缘石外侧 0.3m，与其他城市家具间距不小于 0.6m。

（4）每个公共交通站点宜布设 1 个废物箱，在公交港湾区域内，宜在行车方向靠前布置。

图 3.4.52 废物箱示例（资料来源：自摄）
Figure 3.4.52 Examples of Litter Bin

图 3.4.53 垃圾分类回收废物箱示例（资料来源：自摄）
Figure 3.4.53 Litter Sorting and Recycling Litter Bin Example

5. 直饮水设施 Drinking Fountain Facillites

（1）直饮水设施的边角设计应光滑圆润，使其更安全。高度需考虑使用对象及其年龄层次，以方便老人、儿童、残障人士等的使用，出水口应适合不同的需求，采用不同的高度（图 3.4.54）。

（2）直饮水饮水处地面铺装应使用防滑、防腐、防霉的材料，地面应有一定的疏水坡度。

图 3.4.54 直饮水设施示例（资料来源：自摄）
Figure 3.4.54 Examples of Drinking Fountain Facilities

6. 活动式公共厕所 Mobile Public Toilets

（1）活动式公共厕所一般可在商业型街道和生活服务型街道中设置。

（2）色彩与外观应与环境相协调，外墙面应整洁、美观，定时清理与维护。

（3）占地面积应控制在 5~10m² 之间。宜结合绿化设施带或靠近道路红线一侧设置，设置后人行道剩余宽度应符合国家相关规范要求。在人行天桥、立交桥下、人行地道出入口、轨道交通出入口、公交车站两侧 20m 范围内不应设置活动式公共厕所。

7. 花箱 Garden Pot

（1）花箱的设计造型应与周围的场地条件和建筑风格相适应，颜色也应与周边环境相协调。尺寸应因地制宜，不宜过大，不得妨碍行人通行。

（2）花箱可与其他服务设施优化组合设置，如人行护栏、中央/侧分隔带护栏、座椅等（图 3.4.55），尺寸不应超过人行道设施带宽度，不得占用人行道的通行空间。

图 3.4.55 花箱示例（资料来源：自摄）
Figure 3.4.55 Examples of a Garden Pot

8. 市政消火栓 Municipal Hydrant

（1）市政消火栓造型、材质、检验等应满足 GB 50974 要求。

（2）市政消火栓的铸铁件表面应光滑、涂防锈漆后上部外露部分应颜色醒目，易于辨识，色泽应光滑均匀无龟裂、划伤和碰撞（图 3.4.58）。

（3）消火栓设置位置应在设施带中，不应占用人行道通行空间。

（4）消火栓处可设置提示标识（图 3.4.56、图 3.4.57）。

图 3.4.56 市政消火栓提示牌（资料来源：自绘）
Figure 3.4.56 Municipal Hydrant Sign

图 3.4.57 附有提示标识的市政消火栓（资料来源：自绘）
Figure 3.4.57 Municipal Hydrant Marked with Tips

图 3.4.58 日本的市政消火栓（资料来源：自摄）
Figure 3.4.58 Municipal Hydrants in Japan

9. 邮筒 Pillar Box

（1）邮筒的材料、造型、尺寸、色彩要求应符合 YZ/T 0067 相关标准要求。

（2）宜布设在道路交叉口、居住小区、商业设施等进出口处两侧的公共设施带内，如有坡道的应在距坡道起始点 6m 外布设。

10. 报刊亭 Newsstand

（1）邮政报刊亭一般可在商业型街道、生活服务型街道和景观休闲型街道中设置。

（2）占地面积不应大于 6m²，应采用封闭式设计，经营时设施不应开放或扩展，不应超出设施基座范围。

11. 公用电话亭 Telephone Box

（1）公用电话亭一般可在商业型街道、生活服务型街道和景观休闲型街道中设置（图 3.4.59）。

（2）设计风格及色彩搭配应当与周边的环境相协调，相依托。功能与结构设计应充分考虑以人为本，符合安全、适用的原则。

（3）可结合公共 wifi、警报系统、治安监控系统等智能化信息设备进行组合设计，以适应当下的时代发展和实际需求。

图 3.4.59 公用电话亭示例（资料来源：自摄）
Figure 3.4.59 Examples of Telephone Box

3.5 综合布点设计
Comprehensive Layout Design

3.5.1 基本布置原则
Basic Layout Principles

1. 主要设置及控制区域
Main Settings and Controlling Areas

城市家具的设置区域主要集中在道路交叉口，依据各类设施标准化、集约化的设置原则，将可设置区域和控制区域分为限制设置区、集中布置区以及标准设置区（图 3.5.1~ 图 3.5.6）。

The setting areas of urban furniture are mainly concentrated on the road intersection. According to the setting principles of standardization and intensification of all kinds of facilities, the settable areas and the controlling areas are divided into the restricted setting areas, the centralized layout areas and the standard setting areas.

2. 道路交叉口设置与控制区域
Setting and Control Area of Crossing Road

（1）限制设置区：道路通行区域及主要功能区域，例如道路交叉口，道路转弯口，人行道通行区域，过街交通衔接区域。见图 3.5.1~ 图 3.5.3。

（2）集中设置区：以十字路口转弯口切点起始 100 米内，见图 3.5.1~ 图 3.5.3。

（3）标准设置区：道路直线路段集中设置区以外区域，见图 3.5.1。

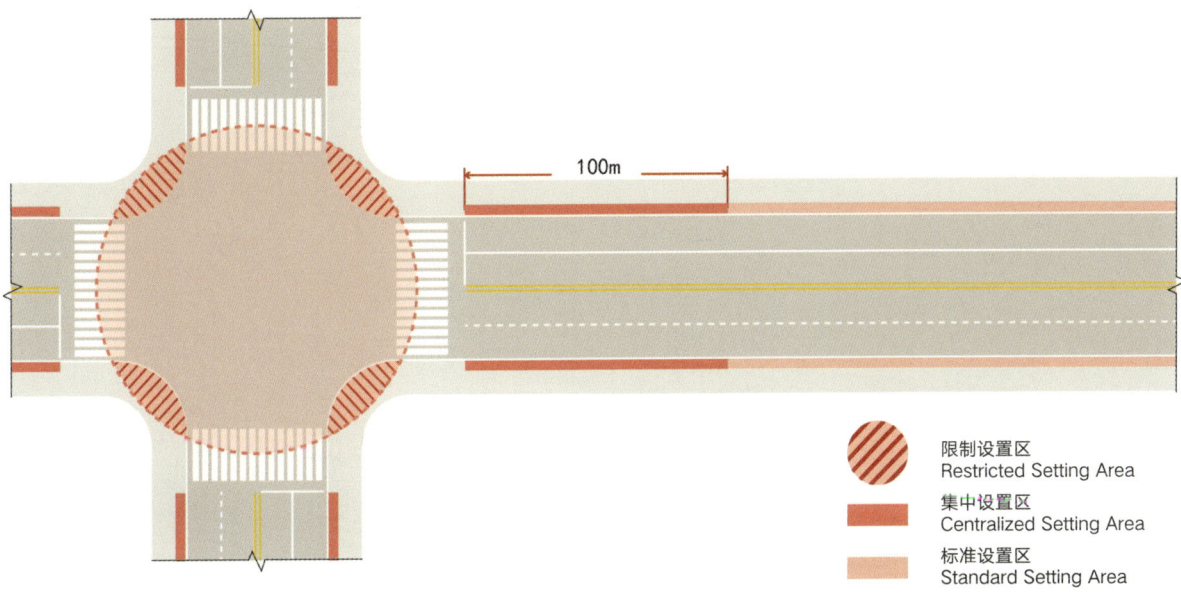

100m

限制设置区
Restricted Setting Area

集中设置区
Centralized Setting Area

标准设置区
Standard Setting Area

图 3.5.1 城市家具设置与控制区域（资料来源：自绘）
Figure 3.5.1 Settings and Controlling Areas of Urban Furniture

图 3.5.2 转弯口设置区域（无导流岛）（资料来源：自绘）
Figure 3.5.2 Turning Setting Areas (No Diversion Island)

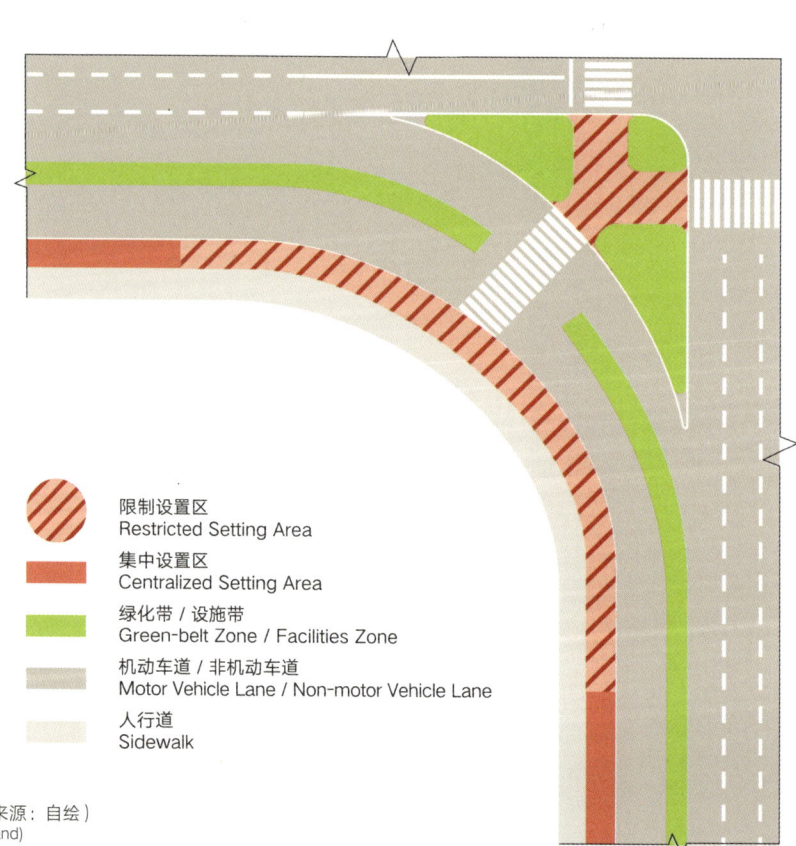

图 3.5.3 转弯口设置区域（有导流岛）（资料来源：自绘）
Figure 3.5.3 Turning Setting Areas (with Diversion Island)

图 3.5.4 道路交叉口控制区域：限制设施种类与数量，保持通行通畅（资料来源：自摄）
Figure 3.5.4 Crossing Road Controlling Areas: Limitting the Type and Quantity of Facilities, Keep the Traffic Smooth

3. 直线段道路设置与控制区域
Setting and Controlling Areas of Straight Road

（1）限制设置区：人行道盲道及主要通行区域。

（2）集中设置区：在公交港湾前后 20m 人行道设施带范围内，与城市主要商业、公共空间等衔接区域。

（3）标准设置区：限制设置区、集中设置区以外的直线段道路。

4. 人行道设施带的设置与控制要求
Setting and Control Requirements of Sidewalk Facilities Zone

（1）人行道宽度 > 2m 时，设置人行道设施带，设施带的宽度 A 与人行道宽度 L 的关系见表 3.5.1。设置人行道设施带后，保证人行道通行带的畅通，通行带宽度不宜小于 1.2m。人行道设施带内城市家具设施杆体的设置应中心对齐，见图 3.5.5 中所示中心对齐线，大型杆件设置于人行道设施带时，其杆件外缘不得超出人行道设施带边线。

（2）人行道宽度 ≤ 2m 时，不设置设施带。此时人行道仅布置功能性设施，并保证人行道通行带宽度不小于 1m。

（3）人行道无绿化隔离带时，设施带的设置见图 3.5.6，人行道有绿化带时，绿化带可作为人行道设施带。

表 3.5.1 人行道公共设施带设置与人行道宽度关系表
Table 3.5.1 Relationship between Sidewalk Public Facilities Zone's Setting-up and Sidewalk Width

人行道宽度 L Sidewalk Width L	公共设施带的宽度（距侧石外边线）A Width of Public Facilities Zone (From Outside of Side Rock) A
L > 3.3m	1.5m
2m < L ≤ 3.3m	0.8m
L ≤ 2m	不设置

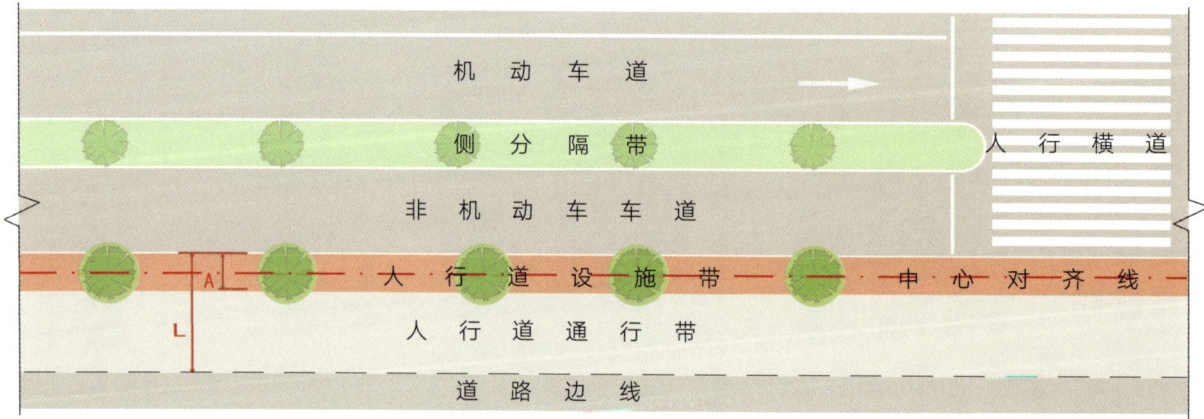

图 3.5.5 道路直线段集中设置区设施带分布示意图（资料来源：自绘）
Figure 3.5.5 Diagram of Facilities Zone Distribution in Centralized Setting Areas of Straight Road

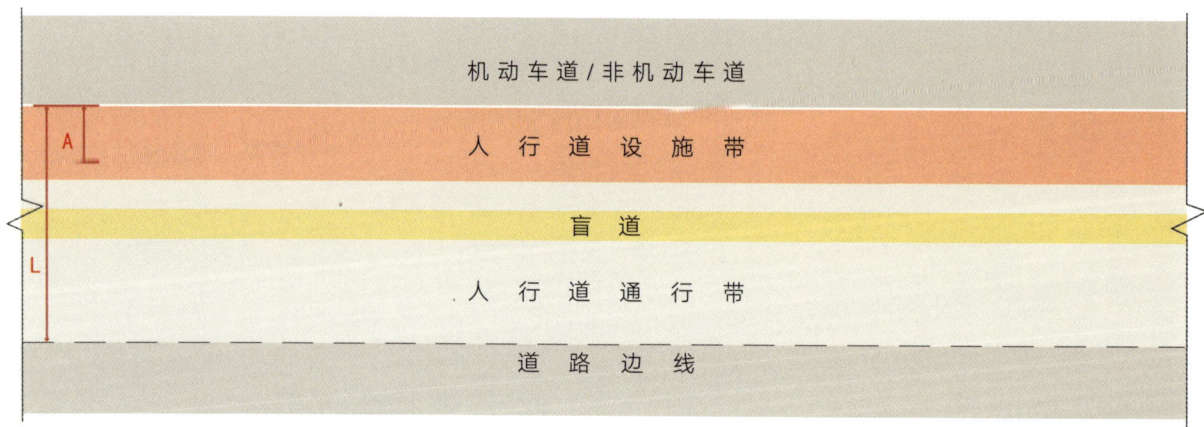

图 3.5.6 人行道设施带示意图（无绿化带）（资料来源：自绘）
Figure 3.5.6 Diagram of Sidewalk Facilities Zone(No Green Zone)

3.5.2 各类设施布设优先级别与设置要求
Priority and Set-up Requirements for All Types of Facilities

1. 城市家具各类系统设施按照布点功能要求及重要级别可分为四类优先等级，对不同等级的城市家具规范其设置与控制区域，如表 3.5.2 所示。

1. All kinds of systematic facilities of urban furniture can be divided into four priority levels according to the functional requirements and important levels of distribution. The setting and controlling areas of urban furniture of different grades are regulated as shown in Table 3.5.2.

表 3.5.2 城市家具设施布设分级、设置与控制区域表
Table 3.5.2 Layout Classification, Installation and Control Area of Urban Furniture Table

优先等级 Priority Level	系统类别 System Category	设施名称 Facilities Name	设置与控制区域 Setting and Controlling Area
第一等级 First Level	交通管理设施 Traffic Management Facilities 城市照明设施 Urban Lighting Facilities 公共服务设施 Public Service Facilities	交通信号灯杆、交通监控杆、交通标志牌、人行护栏、挡车桩、路灯、高杆 / 半高杆照明灯、废物箱、市政消火栓 Traffic Signal Pole, Traffic Monitoring Pole, Traffic Signs, Pedestrian Guardrails, Bollards, Street Lights, High / semi-half Mast Lighting, Litter Bin, Municipal Hydrant	限制设置区 Restricted Setting Area 集中设置区 Centralized Setting Area 标准设置区 Standard Setting Area
第二等级 Second Level	交通管理设施 Traffic Management Facilities 公交服务设施 Bus Service Facilities 信息服务设施 Information Service Facilities 公共服务设施 Public Service Facilities	隔离带护栏、户外配电箱装饰罩、公交候车亭 / 站牌、路名牌、步行者导向牌、出租车停靠标识牌、座椅、非机动车存车架 / 点、公共自行车设施、邮筒 Partition Guardrail, Outdoor Municipal Box with Decorative Hood, Bus Shelter /Stop Board, Street Name Plate, Pedestrian Wayfinding Signs, Taxi Stop Sign, Seats, Cycle Stands, Public Bicycle Facilities, Pillar Box	集中设置区 Centralized Layout Area 标准设置区 Standard Setting Area
第三等级 Third Level	信息服务设施 Information Service Facilities 公共服务设施 Public Service Facilities	报刊亭、公用电话亭、直饮水设施、花箱、景观小品 Newsstand, Telephone Box, Direct Drinking Water Facilities, Garden Pot , Landscape Accessories	标准设置区 Standard Setting Area
第四等级 Fourth Level	其他 Other	其他类型公益 / 广告等临时设施 Other Types of Temporary Facilities Such as Public Welfare/ Advertising	标准设置区 Standard Setting Area

注：路面铺装设施为非立式杆体类不在此布点分类。
Note: Road Pavement facilities for non-vertical poles are not included in this classification.

2. 设置要求 Setting Requirements

（1）城市家具各类设施的布设不得占用人行道盲道及正常通行区域，应根据道路的断面形式和实际功能需要进行布设。

（2）第一等级的设施布设优先于其他类设施。

（3）第一等级的设施一般布设于道路绿化隔离带内，杆体进行中心对齐；当第一等级设施布设于人行道时，应布设于人行道设施带内，保证人行通道宽度不小于 1m。

（4）第二等级设施布设于人行道时，护栏类紧贴路缘石布置。其他第二等级设施应布设在人行道设施带内，设施不得超出设施带范围，保证人行通道宽度不小于 1m。

（5）第三等级设施根据实际需要布设于人行道设施带内，布设时第一、二等级设施优先进行布设。当人行道宽度小于 2m 时，不宜布设。

（6）第四等级设施在需要布设的情况下应与其他设施协调布设，当空间不满足布设条件时，不建议布设。

3.5.3 各类型道路空间布点图示
Diagram of Spatial Location of Various Types of Road

1. 典型十字路口城市家具布点图示 —— 大型十字路口（图 3.5.7）
Diagram of Urban Furniture Layout in Typical Crossing–Large Crossing (Figure 3.5.7)

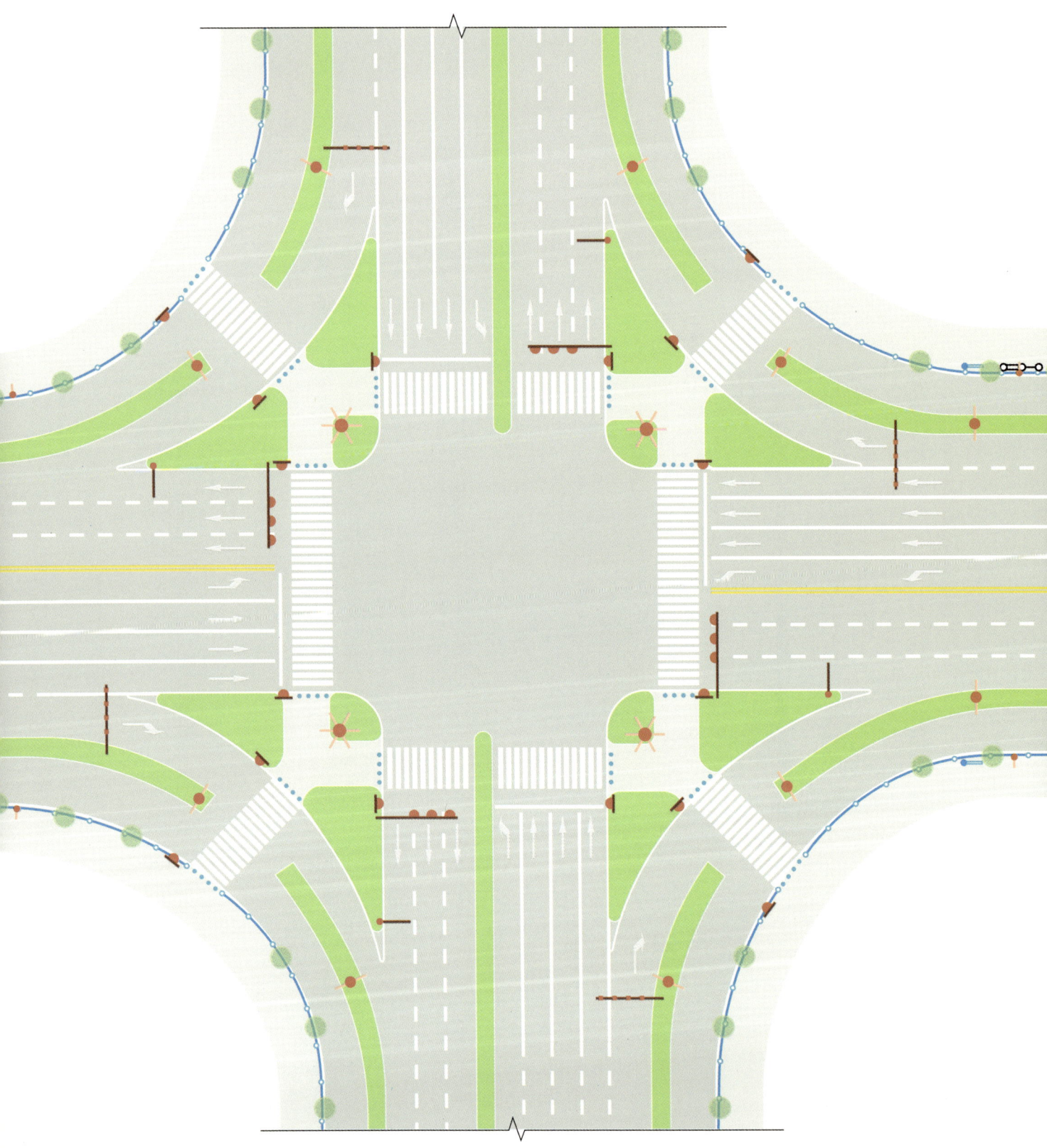

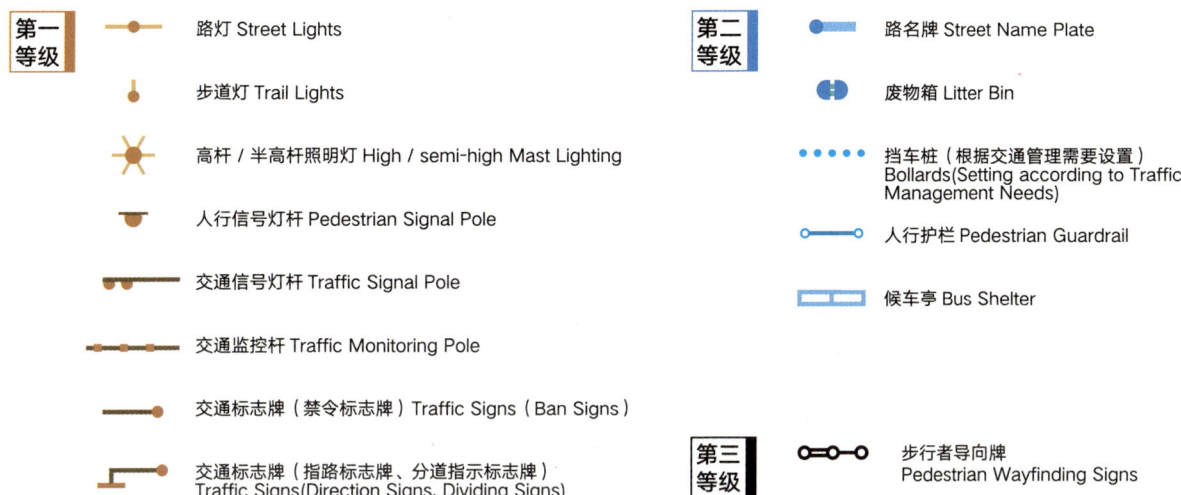

第一等级

- 🔶 路灯 Street Lights
- 🔶 步道灯 Trail Lights
- 🔆 高杆 / 半高杆照明灯 High / semi-high Mast Lighting
- 🔶 人行信号灯杆 Pedestrian Signal Pole
- 🔶 交通信号灯杆 Traffic Signal Pole
- 🔶 交通监控杆 Traffic Monitoring Pole
- 🔶 交通标志牌（禁令标志牌）Traffic Signs（Ban Signs）
- 🔶 交通标志牌（指路标志牌、分道指示标志牌）Traffic Signs(Direction Signs, Dividing Signs)

第二等级

- 🔵 路名牌 Street Name Plate
- 🔵 废物箱 Litter Bin
- •••••• 挡车桩（根据交通管理需要设置）Bollards(Setting according to Traffic Management Needs)
- o—● 人行护栏 Pedestrian Guardrail
- ▭ 候车亭 Bus Shelter

第三等级

- o—●—o 步行者导向牌 Pedestrian Wayfinding Signs

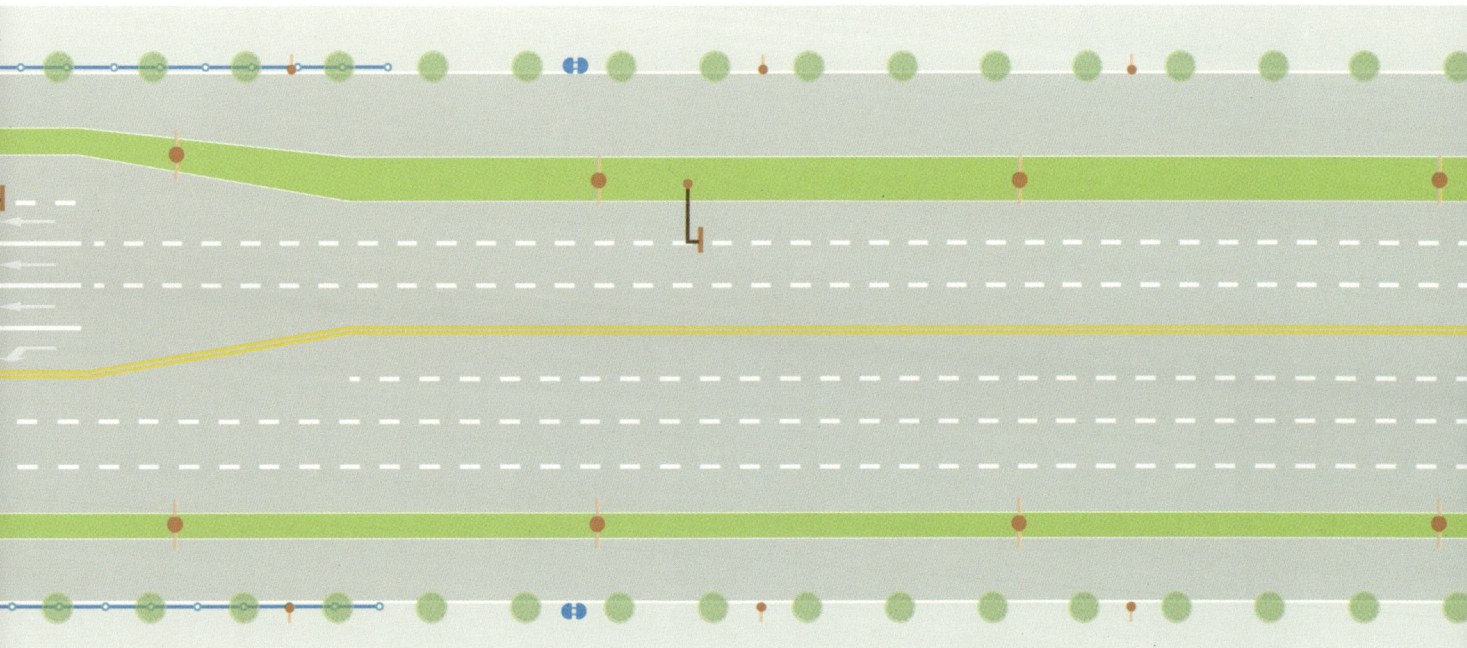

说明：交通信号灯、交通标志牌布置于侧分及中央分隔带时，应与同样布置于隔离带内的其他设施中央对齐。同时宜本着一杆多用的原则，对上述杆件及路灯进行合杆设计。

Description: When the traffic signal pole and traffic signs are arranged in the side division and the central separation zone, they shall be aligned with the center of other facilities which are also arranged in the isolation zone. On the principle of multi-purpose pole, the above-mentioned pole and street lights pole should be merged.

图 3.5.7 大型十字路口布点图示（资料来源：自绘）
Figure 3.5.7 Diagram of Large Crossing Layout

图 3.5.8 大型十字路口布点图示（资料来源：自摄）
Figure 3.5.8 Diagram of Large Crossing Layout

2. 典型十字路口城市家具布点图示 —— 中小型十字路口（图 3.5.9）
Diagram of Urban Furniture Layout in Typical Crossing —— Small and Medium Crossing (Figure 3.5.9)

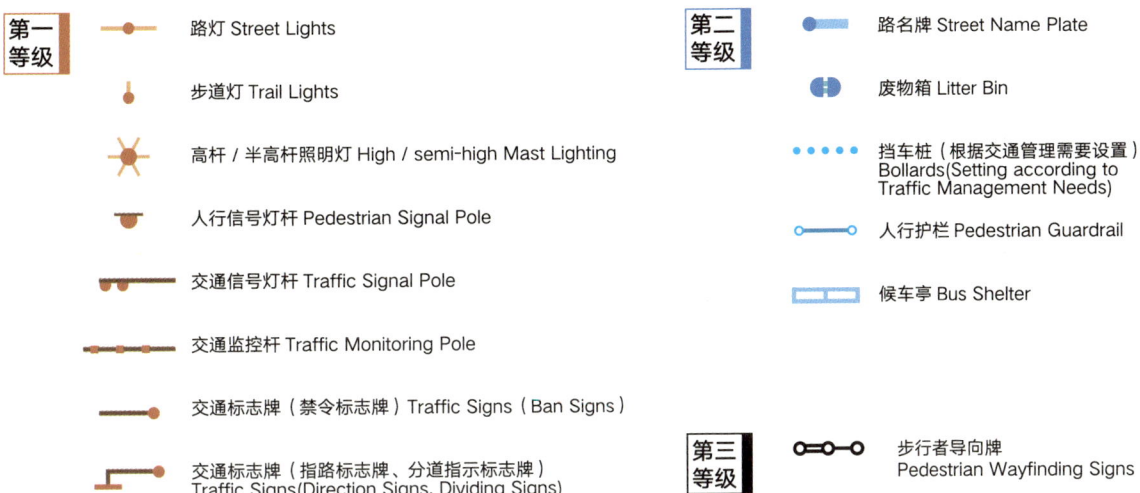

第一等级

	●——●	路灯 Street Lights
	●	步道灯 Trail Lights
	✳	高杆 / 半高杆照明灯 High / semi-high Mast Lighting
	⌓	人行信号灯杆 Pedestrian Signal Pole
	⊤━━	交通信号灯杆 Traffic Signal Pole
	●━●━●	交通监控杆 Traffic Monitoring Pole
	━━●	交通标志牌（禁令标志牌）Traffic Signs（Ban Signs）
	⌐●	交通标志牌（指路标志牌、分道指示标志牌）Traffic Signs(Direction Signs, Dividing Signs)

第二等级

	●▬	路名牌 Street Name Plate
	▣	废物箱 Litter Bin
	• • • • •	挡车桩（根据交通管理需要设置）Bollards(Setting according to Traffic Management Needs)
	○━●	人行护栏 Pedestrian Guardrail
	▭▭	候车亭 Bus Shelter

第三等级

	○▬○	步行者导向牌 Pedestrian Wayfinding Signs

说明：交通信号灯、交通标志牌布置于侧分及中央分隔带时，应与同样布置于隔离带内的其他设施中央对齐。同时宜本着一杆多用的原则，对上述杆件及路灯进行合杆设计。

Description: When the Traffic signal pole and traffic signs are arranged in the side division and the central separation zone, they shall be aligned with the center of other facilities which are also arranged in the isolation zone. On the principle of multi-purpose pole, the above-mentioned pole and street lights pole should be merged.

图 3.5.9 中小型十字路口布点图示（资料来源：自绘）
Figure 3.5.9 Diagram of Small and Medium Crossing Layout

图 3.5.10 主干道、次干道交叉路口布点图示（资料来源：自摄）
Figure 3.5.10 Diagram of Main Roads, Secondary Roads Layout

3. 典型十字路口城市家具布点图示 —— 丁字路口（图 3.5.11）
Diagram of Urban Furniture Layout in Typical Crossroads–T–Junction (Figure 3.5.11)

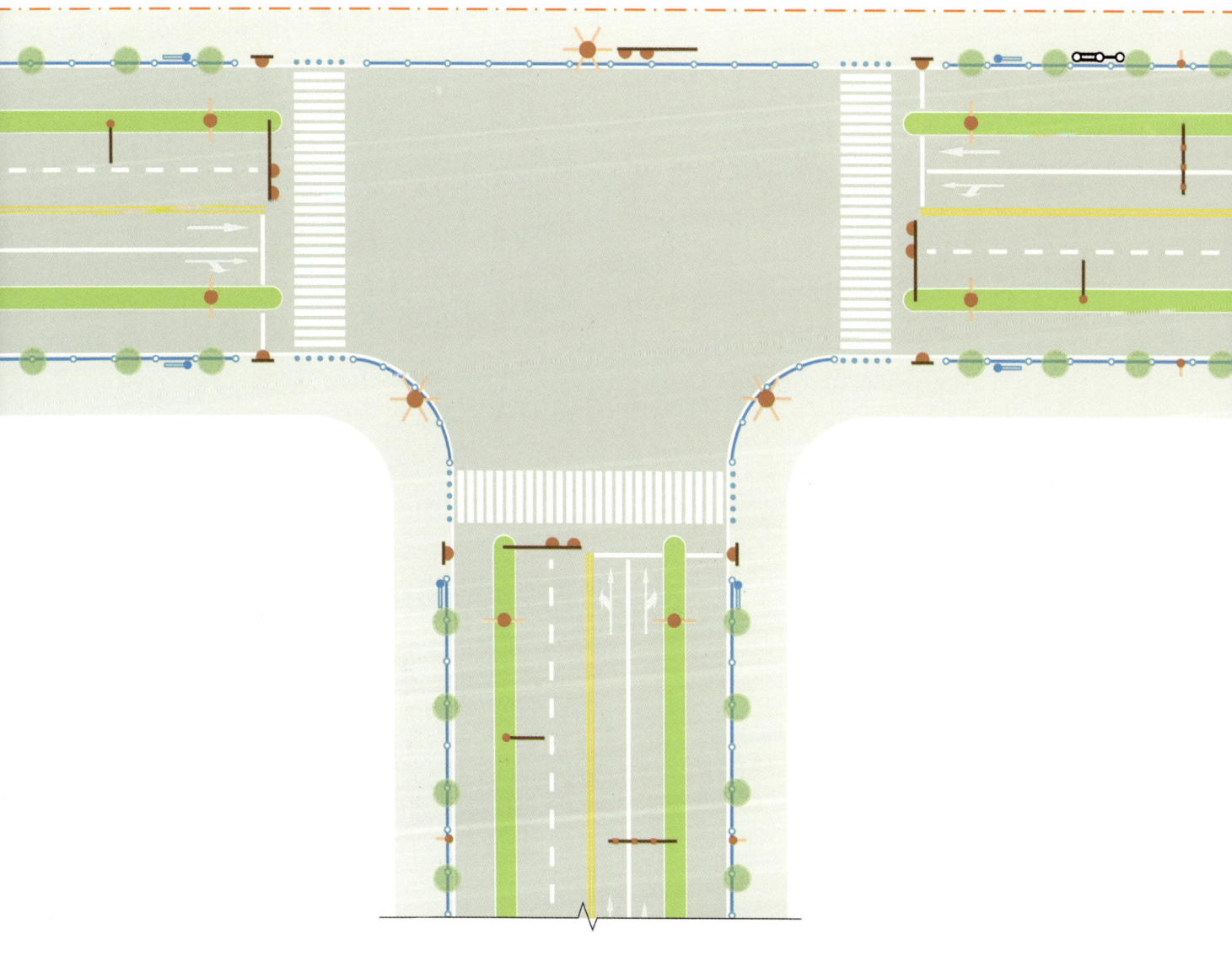

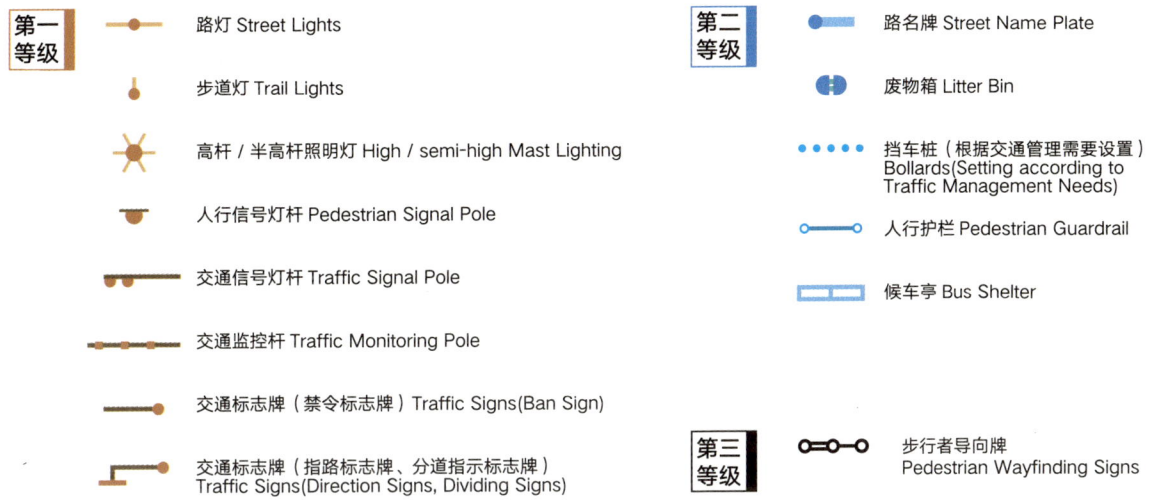

第一等级		
●	路灯 Street Lights	
	步道灯 Trail Lights	
☀	高杆 / 半高杆照明灯 High / semi-high Mast Lighting	
	人行信号灯杆 Pedestrian Signal Pole	
	交通信号灯杆 Traffic Signal Pole	
	交通监控杆 Traffic Monitoring Pole	
	交通标志牌（禁令标志牌）Traffic Signs(Ban Sign)	
	交通标志牌（指路标志牌、分道指示标志牌）Traffic Signs(Direction Signs, Dividing Signs)	

第二等级		
	路名牌 Street Name Plate	
	废物箱 Litter Bin	
• • • • •	挡车桩（根据交通管理需要设置）Bollards(Setting according to Traffic Management Needs)	
	人行护栏 Pedestrian Guardrail	
	候车亭 Bus Shelter	

第三等级　　步行者导向牌　Pedestrian Wayfinding Signs

说明：交通信号灯、交通标志牌布置于侧分及中央分隔带时，应与同样布置于隔离带内的其他设施中央对齐。同时宜本着一杆多用的原则，对上述杆件及路灯进行合杆设计。

Description: When the traffic signal pole and traffic signs are arranged in the side division and the central separation zone, they shall be aligned with the center of other facilities which are also arranged in the isolation zone. On the principle of multi-purpose pole, the above-mentioned pole and street lights pole should be merged.

图 3.5.11 丁字路口布点图示（资料来源：自绘）
Figure 3.5.11 Diagram of T-junction Layout

图 3.5.12 丁字路口布点图示（资料来源：自摄）
Figure 3.5.12 Diagram of T-Junction Layout

4. 道路直线段区域城市家具布点图示（图 3.5.13、图 3.5.14）
Diagram of Urban Furniture Layout in Straight Road (Figure 3.5.13, Figure 3.5.14)

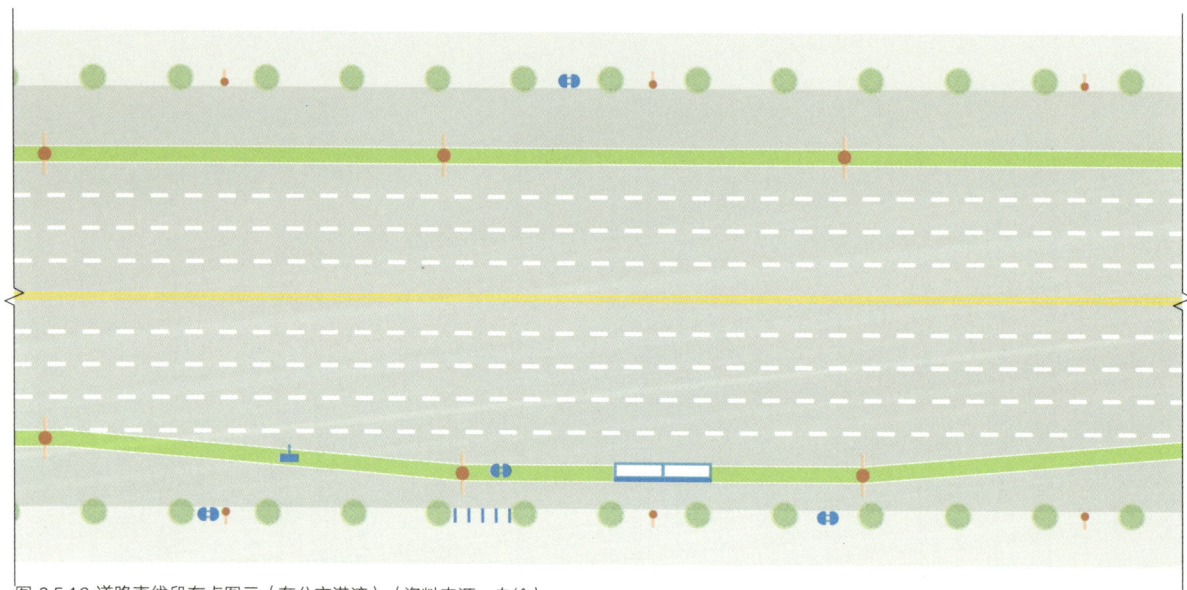

图 3.5.13 道路直线段布点图示（有公交港湾）（资料来源：自绘）
Figure 3.5.13 Diagram of Urban Furniture Layout in Straight Road (with Public Transport Harbor)

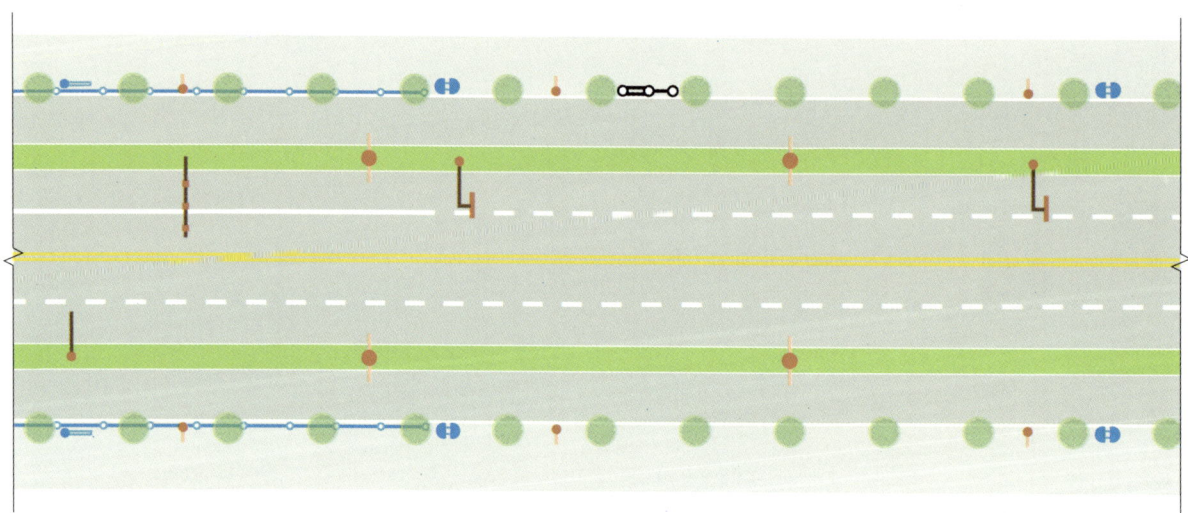

图 3.5.14 道路直线段布点图示（无公交港湾）（资料来源：自绘）
Figure 3.5.14 Diagram of Urban Furniture in Straight Road (No Public Transport Harbor)

第一等级

路灯 Street Lights

步道灯 Trail Lights

高杆 / 半高杆照明灯 High / semi-high Mast Lighting

人行信号灯杆 Pedestrian Signal Pole

交通信号灯杆 Traffic Signal Pole

交通监控杆 Traffic Monitoring Pole

交通标志牌（禁令标志牌）Traffic Signs（Ban Sign）

交通标志牌（指路标志牌、分道指示标志牌）
Traffic Signs(Direction Signs, Dividing Signs)

5. 路口人行道直线段集中设置区布点图示（图 3.5.15、图 3.5.16）
Diagram of Centralized Location Layout of Intersection Sidewalk Straight Road (Figure 3.5.15, Figure 3.5.16)

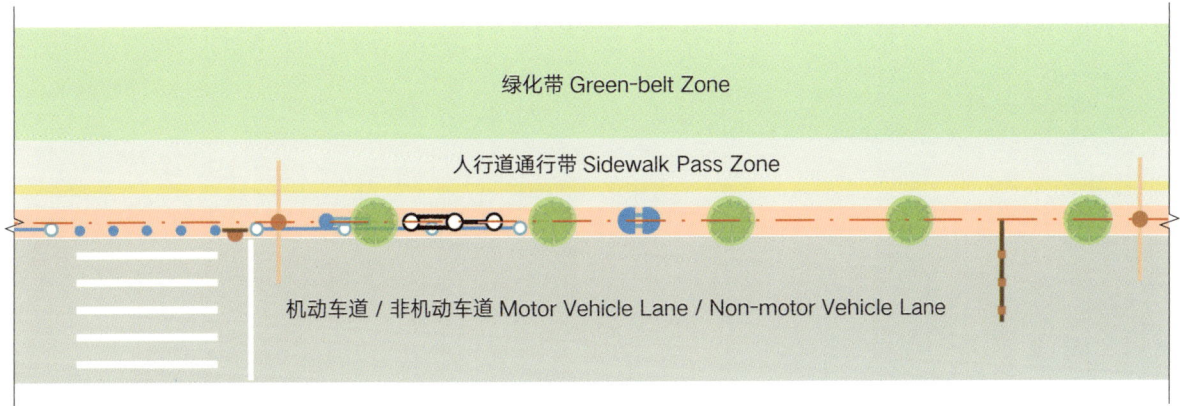

图 3.5.15 路口人行道直线段集中设置区布点图示（无侧分隔带）（资料来源：自绘）
Figure 3.5.15 Diagram of Centralized Location Layout of Intersection Pedestrian Straight Road (without Side Seperating Zone)

图 3.5.16 路口人行道直线段集中设置区布点图示（有侧分隔带）（资料来源：自绘）
Figure 3.5.16 Diagram of Centralized Location Layout of Intersection Sidewalk Straight Road (with Road Divider Guardrail)

第二等级
- 路名牌 Street Name Plate
- 废物箱 Litter Bin
- 挡车桩（根据交通管理需要设置）Bollards(Set according to Traffic Management Needs)
- 人行护栏 Pedestrian Guardrail

- 候车亭 Bus Shelter
- 非机动车存车架 Cycle Stands

第三等级
- 步行者导向牌 Pedestrian Wayfinding Signs

图 3.5.17 道路直线段布点图示（资料来源：自摄）
Figure 3.5.17 Graphic Expression of Straight Road Layout

3.5.4 城市特色区域
Urban Characteristic Area

1. 公园绿地、广场的城市家具设计
Urban Furniture Designing in Park Green Space and Square

城市公园绿地、广场的城市家具设计依照城市绿地与广场的规模、服务对象、服务半径予以针对设计。城市家具的布置形式采用分散与集中相结合的方式。此类区域城市家具设计应与绿地或广场的景观方案相结合，进行系统设计与设置。

表 3.5.3 公园绿地、广场的城市家具设计
Table 3.5.3 Urban Furniture Designing in Park Green Space and Square

与城市绿地广场的衔接区域 Convergence Area with Urban Green Space Square	城市家具布置形式及要求 Urban Furniture Layout and Requirements
出入口区域 Entrance Area	分散型布置 保证出入口的交通顺畅，以功能性设施为主 Decentralized Arrangement Ensure smooth traffic at the entrance and exit, with functional facilities
人员集中广场区域 Personnel Concentration Square Area	分散集中相结合 功能性设施外，根据广场人流量布置公共服务、信息服务设施 Combination of Decentralization and Centralization In addition to functional facilities, public services and information service facilities are arranged according to the flow of people on the square

2. 滨水空间的城市家具设计
Urban Furniture Designing in Waterfront Space

（1）城市滨水空间的城市家具设计应满足市民滨水游憩的要求，城市家具设计应注重生态性、舒适性，与城市记忆与滨水文化相结合，提升城市环境品质。

（2）滨水空间城市家具设计注重公共服务设施的针对性，需根据滨水空间人流的分析，在市民休憩较为集中的区域增加座椅、废物箱、直饮水设施的布置密度。其他通过性区域，保证生态，采取分散性布置。滨水空间城市家具信息设施对导向类信息设施、警示类信息设施有一定要求。

表 3.5.4 滨水空间的城市家具设计
Table 3.5.4 Urban Furniture Designing in Waterfront Space

信息服务设施 Information Service Facilities	设施内容及布置要求 Facilities Content and Layout Requirements
导向设施 Guiding Facilities	导向设施需进行分级，与滨水空间环境设施进行衔接； 导向设施应注重公共服务设施的指引及说明，如市政公厕、医院等 The guiding facilities need to be grading and connected to the waterfront environment facilities. Guided facilities focus on guidelines and instructions for public service facilities, such as municipal public toilets, hospitals, etc.
步行者导向牌、警示牌 Pedestrian Wayfinding Signs, Warning Sign	在滨水区域的衔接区域需增加警示与告知信息设施， 提示市民安全、天气、城市地图导航等便民信息 It is necessary to add warning and information facilities to the waterfront connection area. Pedestrian-oriented cards and warning signs remind people of public safety, weather, city map navigation and other convenience information

3. 特色街区、历史文化风貌区的城市家具设计
Urban Furniture Designing in Characteristic Blocks, Historical and Cultural Areas

特色街区、历史文化风貌区的城市家具设计注重设计元素和文化符号的体现，城市家具的布置需与街区环境相协调，采用优化组合型布置，尽量减少对道路空间的占用，在满足功能性使用的同时，呈现街区特色及文化特色。

表 3.5.5 特色街区、历史文化风貌区的城市家具设计
Table 3.5.5 Urban Furniture Designing in Characteristic Blocks, Historical and Cultural Areas

街区类型 Block Types	设施内容及布置要求 Facilities Content and Layout Requirements
文化型街区 Cultural Blocks	文化符号的融入，优化组合型布置 Integration of Cultural Symbols, Optimized Combination Layout
历史型街区 Historic Blocks	以保护修复为主，优化组合布置 Focusing on Protection and Repair, Optimize Combination

3.6 改造设计要点
Main Points of Renovation Designing

3.6.1 总体要求
General Requirements

1. 城市家具改造设计应在完善道路城市家具功能性的基础上，在对城市、道路实际情况的勘察与考量之后，根据道路在城市环境中的定位及所处城市片区特色进行综合评估，采取与之相应的改造策略。

2. 改造设计必须对现状城市家具体系进行充分调研，并听取各类城市家具职能管理部门与权属单位的意见，本着集约、经济、因地制宜的原则进行针对性设计。

3.6.2 改造策略
Renovation Strategy

全面新建型——城市家具系统陈旧不能满足城市发展需求且道路全面改造的前提下，可对城市家具系统全面新建。

分类改造型——保留或改造部分尚能满足功能使用且与街道环境相协调的城市家具，对其他城市家具种类根据街道发展需求进行新建。

微改造型——保留尚能满足功能需求与环境需求的城市家具系统，仅对破损的城市家具进行更新，对局部的城市家具进行智慧化改造，增设景观小品或进行小部分城市家具的艺术化改造等。

3.6.3 技术路线
Technical Route

保留——对各类满足使用需求并与改造后城市家具设计风格相一致的城市家具进行保留。

改造——对位置、功能、色彩等不满足改造要求的城市家具进行改造，如对设施进行色彩喷涂与局部移位等。

新设——对缺失与不能满足要求的城市家具进行系统设计与设置。

图 3.6.1 改造案例：对保留设施进行色彩喷涂、老旧设施拆除更换、局部移位等 （资料来源：自摄）
Figure 3.6.1 Reconstruction Case: Color Spraying, Removalling and Replacement of Old Facilities, Partial Displacement, etc for Reserved Facilities

3.6.4 基本配置方法
Basic Configuration Method

城市家具的配置应该与上层规划的衔接，根据城市道路在城市规划中所处的道路等级、空间等级，选择进行基础型配置、标准型配置、优化组合型配置。

04

IMPLEMENTATION
实施

4.1 原则与目标
Principles and Objectives

4.1.1 原则
Principles

以人为本、因地制宜、科学统筹、主次分明、经济效能为系统化实施的原则。城市家具进入建造实施阶段，是问题多发生的阶段。涉及制造、管理、材料、质量、工程等多个环节，环环相扣。任何一个环节出问题，都直接影响城市家具的最终成果。进行系统化实施方式，牢牢抓住设计与施工、制造、材料、质量、工程的实施体系，才能对城市家具各个环节进行有效的系统控制和管理，使质量和品质得到保障。

4.1.2 目标
Objectives

通过科学、系统的方案实施与管理把控，发挥城市家具系统建设的优势，保证建设实施科学、规范、有序，达到提升城市整体环境品质的建设目标。

4.2 实施模式
Implementation Mode

4.2.1 城市家具工程的分类
Classification of Urban Furniture Engineering

城市家具工程按照施工工程特性主要分为新建道路城市家具、改建道路城市家具两大类。

1. 新建道路整体从设计到施工先期条件好，在系统化实施过程中比较容易把控。

2. 改建道路由于道路已有条件的影响，现状条件复杂，不可控因素也较多，在实施过程中需加强各方面的实施统筹。

4.2.2 城市家具工程常见实施模式
Common Implementation Modes of Urban Furniture Engineering

1. **工程总承包**：即设计施工一体化。由具备城市家具专业实力、经验与资格的企业进行从设计到实施的一体化建设。

2. **土建工程＋采购＋安装**：将道路施工、城市家具采购、城市家具安装作为独立项目进行实施。

3. **土建工程＋采购（含安装）**：将道路施工、城市家具采购与安装作为独立项目实施，道路施工与城市家具实施进行密切配合。此模式在目前城市家具实施中较为常见（表4.2.1）。

表 4.2.1 城市家具工程常见实施模式比较
Table 4.2.1 Comparison of Common Implementation Modes of Urban Furniture Engineering

实施模式 Implementation Mode	优点 Advantages	缺点 Shortcomings	适用对象 Applicable Objects
工程总承包 Engineering Procurement Construction	充分发挥设计对工程整体的把控与中间衔接作用,有利于项目目标的达成,减少建设方的管理压力	项目风险在承包方	适用于新建工程、城市家具专项工程
土建工程 + 采购 + 安装 Civil Works + Procurement + Installation	各环节任务与责任清晰,建设方对项目进行整体把控与质量控制	工程协调与统筹管理工作量大,如项目整体要求、产品色彩、材质、工艺等	适用于普通建设工程、城市家具占工程比例较小的工程
土建工程 + 采购(含安装) Civil Works + Procurement (including installation)	产品采购与安装为同一主体,利于城市家具系统化实施	土建工程与产品安装的衔接与协调工作量增大	适用于城市家具专项工程、城市家具为工程主体的工程

4.3 流程与要点
Flow Charts and Key Points

4.3.1 主要流程
Main Process

主要流程分为设计、样板区实施(即产品封样阶段)、设施生产、实施安装、验收与试运行五个阶段,各阶段实施内容及要点见表 4.3.1。

表 4.3.1 各流程环节实施要点
Table 4.3.1 Key Points for Implementation of Each Process Link

序号 Serial Number	主要环节 Main Link	实施要点与内容 Main Points and Contents of Implementation	责任主体 Responsibility Subject	技术要求 Technical Requirement	备注 Remarks
1	设计 Design	结合现场勘察,从实际出发,进行系统化的设计,包括布点设计、单体设计	设计单位	与各专业设计协调,含道路、交通、环境设计	——
2	样板区实施 Template Area Implementation	按照设计要求制作样品,在样板区安装,验证项目可实施性与初步效果,明确材料样板、色彩样板、生产技术、工艺要求	实施主体单位、设计单位	严格按照设计要求制作样品,与各权属职能单位充分协作沟通,验证设施实用性	设计单位提供图纸解释与技术对接支持
3	设施生产 Facility Manufacturing	按照样品样板与设计要求、工程量清单全面生产与供货	生产单位(厂家)	各类设施产品加工严格按照样品与设计要求系统化生产,保证产品质量与进度节点	设计单位提供图纸解释与技术对接支持
4	实施安装 Implementation and Installation	设施系统化安装,合理统筹安装设备、工序、安装调校要求	安装单位监理单位	严格按照布点设计要求、安装技术要求进行设施安装	设计单位与其他职能单位提供安装过程中的协调与问题解决
5	验收与试运行 Acceptance and Trial Operation	对城市家具进行系统化验收,内容包括布点、安装、产品外观等,是否达到要求;在试运行期间,对整体系统和设备的使用进行实验与调校,最终交付使用	生产单位(厂家)安装单位	在实际使用期间验证整体系统是否满足使用要求	各单位与职能管理单位充分配合

4.3.2 实施条件与保障措施

Implementation Conditions and Safeguard Measures

1. 加强工程各阶段各相关专业设计与施工、各职能管理单位的分工统筹与技术合作，协调联动。

(1) 设计单位：道路设计、交通设计、照明设计、景观环境设计等。

(2) 职能管理单位：市政、交通、公安、电力、通信等。

(3) 城市家具系统设计实施的各专业应相互联系、综合考虑。

2. 要充分发挥设计单位对项目重要环节与节点的把控，如：协调和解决布点实施阶段现场各类设施之间的矛盾冲突，特别是样板区建设阶段对设施色彩、材质、工艺等技术质量的把控等。

3. 对于改造类项目要充分考虑现状实际情况，对项目进行充分的勘察与调研，收集各方资料，从设计到实施都要立足于实际，原则上不得进行大拆大建。

4. 为保障项目实施的高效推进，应该集合相关部门统一协调、整合资源，明确工作计划、工作流程、统筹与协调机制、实施与管理机制等。

4.4 施工常见问题与指导

Common Problems and Guidance in Construction

4.4.1 总体常见问题

Overall Common Problems

总体常见问题主要包括：设施产品质量、施工安装质量、后期管养三大类。

The general common problems include: the quality of facilities, the quality of construction and installation, and the post-management.

■ 设施产品质量 Quality Facilities and Products

常见问题 Common Problems	实施原则 Implementation Principles	技术要求 Technical Requirements
a. 材质处理 b. 产品外观形态 c. 装饰与加工工艺 d. 焊接工艺	1. 设施产品的材质选择及处理需满足设计及国家相应标准规范要求 2. 产品的外形尺寸、装饰工艺、颜色严格按照设计图纸要求制作生产	1. 产品外形、尺寸、构件连接方式符合设计要求 2. 杆体外观平整，整根杆体焊缝凸起的部分与杆体平整度误差应不大于 ±2mm 3. 杆件防腐处理为热镀锌。镀锌层表面应光滑美观，光泽一致。无皱皮、流坠及锌瘤、起皮、斑点、阴阳面缺陷存在 4. 所有安装构件、紧固件应热镀锌，镀锌量为 350g/㎡

   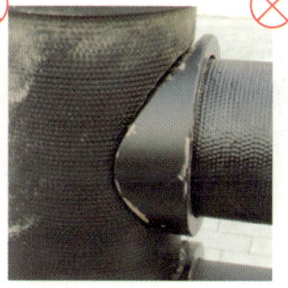

错误 a
材质防腐处理不到位

Error a
Material anticorrosion treatment is not in place

错误 b
产品外观形态不协调

Error b
The appearance of the product is not in harmony

错误 c
装饰与加工工艺不到位

Error c
Decoration and processing technology is not in accuracy

错误 d
焊接工艺不到位

Error d
The welding process is not in place

正确示意图
材质防腐处理合格

Correct schematic diagram
Material anti-corrosion treatment is qualified

正确示意图
产品外形形态协调、表面平整

Correct schematic diagram
Product shape is concordant, surface is smooth

正确示意图
装饰漆不起皮、不脱落

Correct schematic diagram
Decorative paint do not peel and come off

正确示意图
焊接平整、无毛刺

Correct schematic diagram
Welding is smooth without burr

常见问题 Common Problems	实施原则 Implementation Principle	技术要求 Technical Requirements
a. 布点不规范 b. 杆体磕碰装饰漆脱落 c. 杆体倾斜 d. 杆件线路管道暴露	按照布点设计图纸要求进行设置。设施安装保证杆体竖直、杆体整洁、无磕碰掉漆，杆件安装保证线路管道进入杆体，维护门安装牢固	1. 严格按照布点设计图纸要求进行设施布点，人行道设施安装边界不超出人行道设施带范围，安装在隔离带的大型杆件根据设计要求进行杆体对齐。杆件布点有矛盾或距离过近的，应进行合理避让 2. 设施运输与安装过程中应采取保护措施，防止设施受到外力磕碰 3. 用电设备应合理安排管线，管线不得暴露在外

错误 a
路口设施过多，阻碍通行

Error a
Too many facilities obstructing passing at the crossing

错误 b
杆件磕碰掉漆

Error b
The paint bumped off from the poles

错误 c
杆体倾斜

Error c
The pole is tilted

错误 d
管线暴露

Error d
Pipeline is exposed

正确示意图
布设规范，保证通行

Correct schematics diagram
Lay out specifications to ensure the passage

正确示意图
杆体无磕碰

Correct schematic diagram
The pole body is not bumped

正确示意图
杆体竖直

Correct schematic diagram
The pole body is vertical

正确示意图
维护门安装隐蔽、牢固

Correct schematic diagram
The installation of the maintenance door is covert and impregnable

常见问题 Common Problems	实施原则 Implementation Principle	技术要求 Technical Requirements
a. 杆体有污垢 b. 维护门破损 c. 设施破损或部件丢失	日常运行维护单位、杆件设施使用单位、监管单位以及行业主管部门的职责和分工明确，制定统一的管养标准与核查机制	加强日常巡查及定期设施清查，确保设施管养到位、维修到位、管理到位、责任到位

错误 a
杆体有污垢

Error a
There're dirty points on the pole

错误 b
维护门破损

Error b
The maintenance door is damaged

错误 c
杆体破损或丢失部件

Error c
Damaged or missing parts of the pole

正确示意图
杆体整洁，维护良好

Correct schematic diagram
The pole body is neat and well maintained

正确示意图
维护门完整无损坏

Correct schematic diagram
Maintenance door is intact without damage

正确示意图
设施杆体完整，状态良好

Correct schematic diagram
The pole is integrally installed and in good condition

4.4.2 单体常见问题 Common Problems of the Monomers

■ 交通管理设施（杆件类）Traffic Management Facilities(Poles Types)

常见问题 Common Problems	实施原则 Implementation Principles	技术要求 Technical Requirements
a. 基础未深埋 b. 检修口不隐蔽 c. 焊缝不平整	1. 交通信号灯（包括车型交通信号灯，人行交通信号灯）的实施，必须严格按照国家规范GB 14886 执行 2. 各类交通标志牌按国家规范GB 5768.2 执行 3. 杆件的连接处要求焊缝平整、饱满、美观。维护门做成隐蔽式	1. 金属构件的焊接均为满焊，且焊缝均匀，不得有裂缝、过烧的现象。外露金属构件焊接部分的焊缝均应锉平 2. 各种外露金属连接件均要做防锈处理 3. 检修口为隐蔽式，开口朝绿化带方向

错误 a

基础未深埋

Error a
The foundamentals are not buried deeply

错误 b

维修口不隐蔽，位置过高

Error b
The check point is not covert and the position is too high

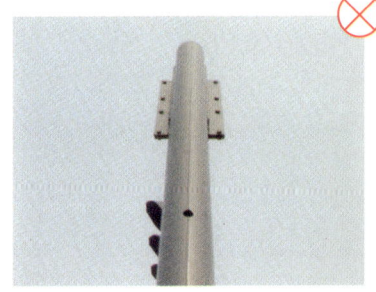

错误 c

焊缝不平整

Error c
Uneven weld

正确示意图

基础深埋

Correct schematic diagram
The foundamentals are buried deeply

正确示意图

检修口隐蔽

Correct schematic diagram
The check point is covert

正确示意图

焊缝平整

Correct schematic diagram
Weld level

■ 交通管理设施（隔离护栏）Traffic Management Facilities (Isolated Guardrail)

常见问题 Common Problems	实施原则 Implementation Principles	技术要求 Technical Requirements
a. 护栏立柱底座不标准 b. 人行护栏基础不稳固 c. 反光标未安装 d. 焊缝不平整	1. 在满足安全的前提下构件采用一体式加工，主要杆件必须整体加工 2. 护栏立柱需要安装反光标 3. 人行护栏、挡车桩需做下埋基础，并且严格按设计图纸施工	1. 护栏立柱应采取基座固定措施，必要时可用膨胀螺栓固定于地面 2. 中央及侧分隔带护栏立柱需安装反光标。侧分隔带单侧放置，中央分隔带需双侧放置 3. 人行护栏、挡车桩基础应隐蔽下埋施工安装 4. 护栏的构件连接处要求焊缝平整、饱满、美观

错误 a
护栏立柱底座不标准

Error a
The base of the guardrail post is not standardized

错误 b
人行护栏基础不稳固

Error b
The foundation of the pedestrian guardrail is unstable

错误 c
反光标未安装

Error c
Retro-reflective marking is not installed

错误 d
焊缝不平整

Error d
Uneven weld

正确示意图
护栏立柱采用底座式安装

Correct schematic diagram
The guardrail column adopts the base type installation

正确示意图
基础稳固且隐蔽下埋

Correct schematic diagram
Solid foundation and concealed buried

正确示意图
中央 / 侧分隔带立柱安装反光标

Correct schematic diagram
Median barrier/road divider guardrail column with retro-reflective marking

正确示意图
焊缝光洁平整

Correct schematic diagram
The weld is smooth and tidy

常见问题 Common Problems	实施原则 Implementation Principles	技术要求 Technical Requirements
a. 杆件构件连接处不平整 b. 未隐蔽式安装基础构件，法兰构件露出路面铺装	1. 城市照明设施的光源及照度符合 CJJ 45 要求，在机动车通过频繁区域及桥梁等易发生强烈振动的场所采用的灯具必须符合现行国家标准的防振要求 2. 城市照明设施主要杆件安全性必须符合国家及行业标准规范的要求	1. 金属构件的焊接均为满焊，且焊缝要均匀，不得有裂缝、过烧现象。外露金属构件焊接部分的焊缝均应锉平 2. 杆件挑臂固定节点与立柱的连接点法兰一次性成型，杆件检修口不宜过高，检修门为隐蔽式，宜对着绿化带方向设置 3. 路灯安装要求杆体竖直无倾斜

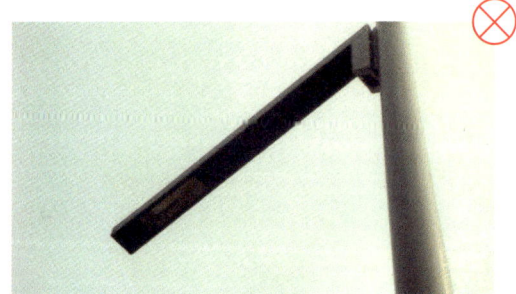

错误 a
杆件连接（焊缝处理不平整）

Error a
Bar connection (uneven weld treatment)

错误 b
基础埋深不够，法兰应下埋

Error b
The foundation is not deep enough, the flange should be buried

正确示意图
衔接面铺装原样恢复

Correct schematic diagram
The interface pavement is restored as above

常见问题 Common Problems	实施原则 Implementation Principles
a. 路名牌布点朝向错误 b. 步行者导向牌未双面展示	1. 单向路名牌布置方向与人行道方向一致。双向路名牌一侧与人行道方向一致；另一侧垂直于人行道，且朝向人行道内侧。见下图所示 2. 步行者导向牌设置于人行道设施带内，且为双面展示

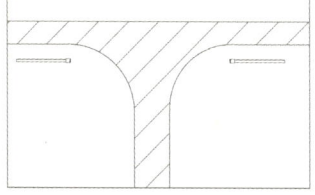 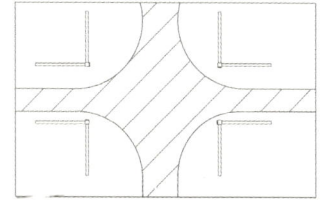

路名牌布点朝向示意
The Schematic diagram of the Orientation of the Street Name Plate Layout

错误 a
路名牌朝向错误

Error a
The street name plate is facing the wrong way

错误 b
步行者导向牌未双面展示

Error b
The pedestrian wayfinding signs is not displayed on both sides

正确示意图
路名牌朝向正确

Correct schematic diagram
The street name plate is oriented correctly

正确示意图
步行者导向牌双面展示

Correct schematic diagram
The pedestrian wayfinding signs on both sides

常见问题 Common Problems	实施原则 Implementation Principles	技术要求 Technical Requirements
a. 顶盖有拼缝，未做任何防水措施，不密封 b. 顶盖未全包，无法防雨防水 c. 构件工艺不合格，不牢固 d. 座椅过宽、过高 e. 无照明 f. 站名信息不全	公交候车亭宜采用模块化设计，可根据实际情况进行单元组合。组合时两个单体候车亭顶部应密拼连接，不得留缝。顶盖为全包围结构，檐口设置滴水线，并做好防水措施	1. 金属构件的焊接均为满焊，且焊缝要均匀，不得有裂缝、过烧现象，外露金属构件焊接部分的焊缝均应锉平 2. 各种外露金属连接件均要做防锈处理 3. 严格按照设计图纸的高度与宽度要求制作座椅

错误 a
顶盖有拼缝，未做任何防水措施，不密封

Error a
The top cover has seams, no waterproof measures, no sealing

错误 b
顶盖未全包，无法防雨防水

Error b
The top cover is not all-inclusive and cannot be protected from rain and water

错误 c
构件工艺水平低，不牢固

Error c
Component process level is low, not strong

错误 d
座椅过宽，过高

Error d
The seat is too wide and too high

错误 e
未添加照明设施

Error e
No lighting added

错误 f
未有站名信息

Error f
No station name information

常见问题 Common Problems	实施原则 Implementation Principles	技术要求 Technical Requirements
a. 铺装不平整 b. 对缝不均匀 c. 盲道铺设：现场盲道行进与提示砖排布及有关盲道障碍物绕行的铺设不规范 d. 铺装与杆件衔接处未进行铺装面原样修复	1. 人行道要求面层平整，留缝均匀，盲道铺装应规范，严格按照设计图纸实施 2. 盲道设置应符合相关规范要求	1. 人行道铺装：两种不同材料衔接处应细致处理，保证坡面平整，无内凹坑 2. 异型石材铺装：弧形石材应精确放线加工，石材拼缝尺寸的误差不应超过 2mm，铺贴时应分布均匀，线脚挺直 3. 铺装与各类设施杆件衔接处，应对原有铺装面层进行原样修复，不得用水泥抹平

错误 a
铺装拼接不平整

Error a
Pavement splicing is uneven

错误 b
铺装留缝不均匀

Error b
The pavement is not evenly sewn

错误 c
盲道砖交会处铺装错误

Error c
Tactile ground surface indicator
intersection paving error

错误 d
铺装与杆件衔接处铺装未原样修复

Error d
The pavement at the junction of the
pavement and the member was not
repaired as above

正确示意图
铺装平整

Correct schematic diagram
Pavement level

正确示意图
铺装留缝均匀

Correct schematic diagram
The pavement remains seams
evenly

正确示意图
盲道丁字路口标准铺装做法

Correct schematic diagram
Tactile ground surface indicator
T-junction standard paving practice

正确示意图
杆件衔接处铺装原样修复

Correct schematic diagram
The pavement is repaired as-is
at the joint of the members

■ 路面铺装（路缘石）Road Pavement（Curbstone）

常见问题 Common Problems	实施原则 Implementation Principle	技术要求 Technical Requirements
a. 对接错位 b. 规格不统一 c. 留缝不统一	1. 按砌筑材料，选材应严格按照设计图纸技术要求 2. 石材路缘石要求石材规格严格按照设计图纸进行加工，石材做到规格统一，无明显色差	1. 在转弯处路缘石采用异型整石路缘石，做到弧度圆滑，接口均匀，不得出现高低不平、对接错位现象，并做到留缝均匀 2. 车行道与人行道分界处设置路缘石，与人行道铺装高度统一，非机动车道与路缘石交接处应设置平面石 3. 路缘石之间用水泥砂浆粘结后勾缝，缝宽一致，路缘石与平面石之间缝隙用同样砂浆或结构胶灌注勾缝

错误 a
转弯口路缘石交接问题

Error a
Turning road curbstone hand-over problem

错误 b
两块路缘石规格不统一，导致拼接存在高低错位

Error b
The specification of the two curbstone is not unified, which leads to the existence of high and low dislocation in the splicing

错误 c
路缘石拼接留缝不统一

Error c
The curbstone splicing and the joint left are not unified

正确示意图
路缘石交接处拼接整齐

Correct schematic diagram
The curbstone junction spliced neatly

正确示意图
路缘石拼接无错位

Correct schematic diagram
Curbstone splicing without dislocation

正确示意图
路缘石拼接留缝整齐统一

Correct schematic diagram
Curbstone splicing left joint neatly unified

■ 路面铺装（基础施工）Road Pavement（Foundation Construction）

常见问题 Common Problems	实施原则 Implementation Principle
a. 基础尺寸规格未按图纸施工 b. 基础未隐蔽下埋 c. 基础与其他设施冲突	1. 基础布点冲突主要集中在交通设施、照明设施等各种杆件基础问题。杆件基础施工必须按照设计图纸严格控制基础尺寸规格与埋深 2. 各杆件基础设施全部采用下埋隐藏式基础。外露杆件与铺装贴合平整、紧密 3. 基础施工完成后造成路面破损的，应对原有铺装面进行原样修复

错误 a

杆件基础混凝土构件未下埋

Error a
The concrete member foundation has not been buried

错误 b

路灯基础构件未隐藏下埋

Error b
The street lights foundation component is not hidden and buried

错误 c

杆件基础与路缘石冲突

Error c
The member foundation conflicts with the curbstone

正确示意图

杆件基础施工完成后对破损处铺装面进行原样修复

Correct schematic diagram
Repair the damaged pavement as-is after the completion of the construction of the member foundation

4.5 专项验收

Special Acceptance

4.5.1 城市家具工程验收的主要阶段

The Main Stages of the Acceptance of Urban Furniture Engineering

城市家具工程验收分为预验收、试运行与交付验收三个阶段。

1 预验收 Pre-Validate

城市家具设施完成安装后，由监理单位或项目管理单位组织验收，主要针对城市家具设施的布点、材质颜色、制作工艺、安装进行现场验收。

2 试运行 Test Run

城市家具设施主要功能性、适应性等需经过现场验收后，在功能使用以及管理方面进行试运行，发现问题及时整改。

3 交付验收 Delivery Acceptance

城市家具最终交付各职能单位及管养单位验收使用。

4.5.2 城市家具工程验收标准

Acceptance Standard of Urban Furniture Engineering

城市家具工程验收技术标准主要分为产品质量与工艺、产品布点、产品安装质量三个方面。

1. 产品质量与工艺 Product Quality and Process

（1）产品外形、尺寸、构件连接方式符合设计要求。

（2）整根杆体焊缝凸起的部分与本杆体平整误差应不大于 ±2mm。灯杆焊接应满足国家及行业相关标准的要求。

（3）主杆防腐处理为热镀锌。镀锌层表面光滑美观，光泽一致，无皱皮、流坠及锌瘤、起皮、斑点、阴阳面缺陷存在。镀锌层附着力应符合国家及行业相关标准的要求。

2. 产品布点 Product Placement

城市家具需严格遵照布点设计要求进行设置，无设施布点的空间冲突。

3. 产品安装 Product Installation

（1）设施杆体主要基础下埋，安装组件不外露。

（2）地面铺装修复完整，无明显缺陷。

（3）设施杆体安装竖直，无倾斜。

（4）设施安装质量一致，设施带内设施中心对齐，无明显错位。

4.6. 管理维护
Management and
Maintenance

4.6.1 明确管养权属
Clear Ownership of
Custody

明确城市家具各类设施交付与管养权属单位。一般情况下，城市家具管养单位按照谁使用谁管养的原则规定权属，并制定统一的管养标准与核查机制。

4.6.2 形成统筹管理机制
Form a Mechanism of
Overall Management

1. 强化 " 以人为本、因地制宜 " 的原则，认真学习贯彻科学发展观，大力推进城市家具精细化管理，创新管理机制，提高法制化管理水平。

2. 将城市家具设施管理纳入一个统筹管理体系进行综合协调处理，可明确一个职权部门统一管理和建设审批，减少推诿扯皮，以解决管理过程中存在的共同使用、多头管理、界限不明的弊端。

3. 贯彻"预防为主、防治结合"的方针，加强日常巡查及定期设施清查，确保设施管养到位、维修到位、管理到位、责任到位。

创新应用篇

05

INNOVATIVE APPLICATIONS
创新应用

第 5 章 Chapter 5

5.1 标准化与模块化
Process of
Standardization and
Modularization

标准化是指对城市家具产品或设备进行模数化设计、加工制作以及安装（或拼装）的方式。而模块化是相对一体整型式产品而言，将其设计为可单元式组合拼接的形式，或局部构件可拆卸更换的结构形式。标准化、模块化的创新应用不仅能够提高生产和施工的效率，也可实现为不同使用场地和特定用途而进行灵活组合设置的目的，且后期使用中如有损坏，可对局部损坏构件进行更换，能够大大地降低维护管理成本。城市家具的标准化、模块化的实施方法主要有整体构件的标准模块化、单元组合式模块化、可局部更换构件的模块化三种方式，应用如下。

Standardization refers to the modular design, manufacture, installation (or assembly) of urban furniture products or equipment. And modularity is relative to a whole type of products. It is designed in a form that can be combined and spliced by unit or local member removable replacement of the structure form.The innovative application of standardization and modularization can not only improve the efficiency of production and construction, but also achieve the purpose of flexible combination setting for different using sites and specific uses. And during use (if there is damage), it can be part of the replacement of damaged components, can greatly reduce the maintenance and management costs.There are three methods to consider the standardization modularization of urban furniture: the standard modularization of the whole component, unit combined modularization, and the modularized partial replaceable component. See the examples of application.

■ **整体构件的标准模块化**
Standard Modularity of Integral Components

考虑基础安装施工的合理性以及铺装后效果，基础可设计为与路面铺装面模数相适应的标准规格，以提高施工安装的效率，且铺装面完成后易修复，能够表现更加整洁和美观的效果。

图 5.1.1 模块化候车亭示例（资料来源：自摄）
Figure 5.1.1 Modularized Shelter Example

■ **单元组合式模块化（以候车亭为例）**
Unit Combined Modularization（Take the Bus Shelter as an Example）

公交站台的长度在满足功能要求的前提下，宜与候车亭尺寸相匹配。因而对候车亭采用模块化设计及单元组合的形式，通过灵活的组合设置，实现与站台长度相匹配（图 5.1.1）。

组合形式Ⅰ Combination Ⅰ

组合形式Ⅱ Combination Ⅱ

图 5.1.2 候车亭模块化组合设置示意（资料来源：自绘）
Figure 5.1.2 Examples of the Modularized Bus Shelter Combination Setting

■ **可局部更换构件的模块化（以护栏为例）**
The Modularized Partial Replaceable Component（Taking the Guardrail as an Example）

传统护栏通常为固定结构，一旦安装，无法修改，只能整条路整体撤换或更新维修。为了满足城市文化与特色表达的定制化需求，同时又能实现规模化生产，可对道路隔离护栏进行模块化构件设计（图5.1.3）。

护栏主体由传统的固定式结构，设计为主结构框架模块和可拆卸更换部件的模块两部分（或多个可更新部件模块），在不影响护栏主框架结构安全性并满足强度要求的前提下，设计一个或多个可更换部件模块。主要作用有：

（1）可以实现陈旧或损坏部件的独立更换，减少维护费用，且操作便捷、费用成本低。
（2）装饰性可更换模块在实现城市特色文化内容表达的基础上，能够灵活的设置和变换组合形式。
（3）满足特定场合的使用需求。如，城市举办重大活动庆典、国际博览会、体育赛事、城市高峰论坛时，可制作特定主题的LOGO、文字标语等。

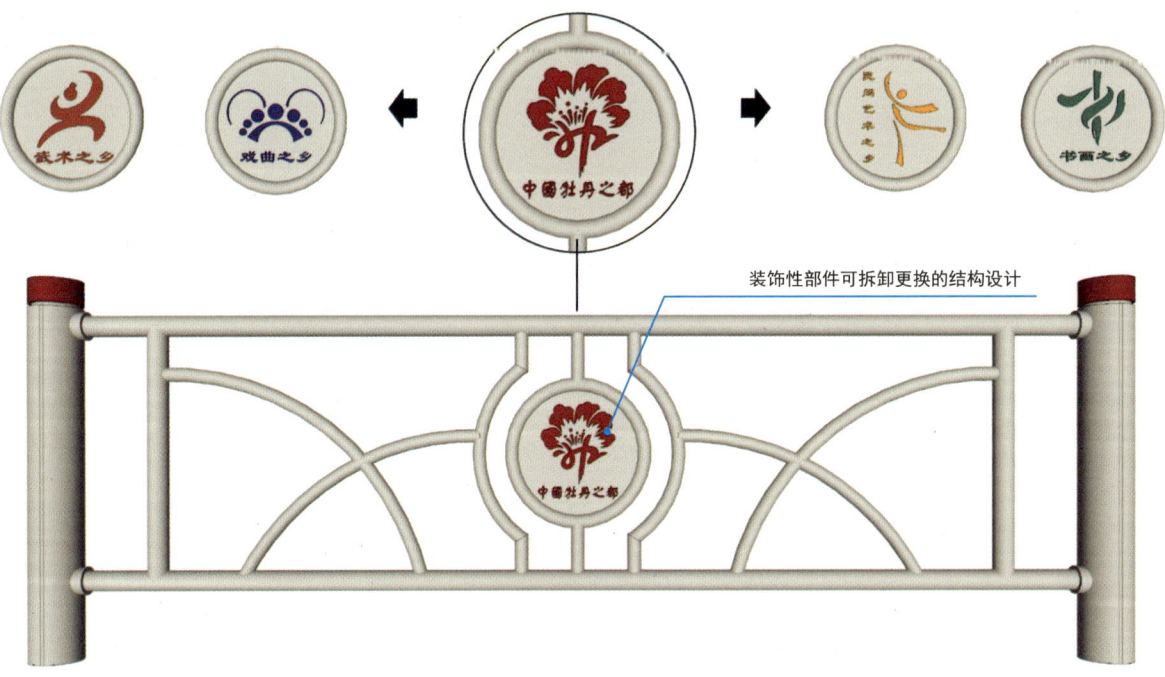

图 5.1.3 可更换装饰图案模块的道路隔离护栏（资料来源：自绘）
Figure5.1.3 Road Guardrail with the Replaceable Decorative Pattern Modularization

5.2 集约化与功能复合
Intensification and Function Recombination

集约化与功能复合是指将布设在道路上的各类设施进行集合设计与设置，形成共享公用，从而节约城市道路空间与城市家具成本，达到空间优化、成本优化、管理优化的目标，或对布设在同一地点相邻的城市家具进行组合设计与设置，如集约型座椅及兼有复合功能的组合设施设计等。不仅节约成本，减少对路面铺装的破坏，亦能最大化地发挥城市家具的功能（图 5.2.1~ 图 5.2.8）。

Intensivism refers to the collective design and installation of all kinds of facilities laid on roads to form a shared public utility,so as to save urban road space and urban furniture costs, to achieve space optimization, cost optimization, management optimization goals. Function recombination refers to the furniture in the same place adjacent to the city is designed and set up.For example, the design of combined facilities with combined functions of intensive seats not only saves costs, reduces the damage to pavement, but also maximizes the function of urban furniture.

图 5.2.1 集约型座椅：在人流量大的商业区域为方便行人临时休憩而利用狭小空间设置的靠椅（上）
以及地铁出入口通常有与人会和碰面的需求，为节约占地空间在站前广场设置的靠椅（下）（资料来源：自摄）
Figure 5.2.1Intensive Seats：A Chair in a Small Space Seting-up for Temporary Pedestrian Resting in a Commercial Area with a Large Pedestrian Flow（Upper）
As Well as Subway Entrances and Exits, There is Usually a Need to Meet with People, to Save Space on the Square in Front of the Station Seting-up Chair（Below）

<table>
<tr><td>2</td><td>3</td><td>4</td></tr>
<tr><td></td><td>5</td><td>6</td></tr>
<tr><td>7</td><td></td><td>8</td></tr>
</table>

图 5.2.2 具有景观照明功能的座椅
Figure5.2.2 Seats with Landscape Lighting Function

图 5.2.3 可兼作座椅使用的绿化护栏
Figure5.2.3 Greening Guardrail with Seat Function

图 5.2.4 桥梁护栏兼具夜景照明功能
Figure5.2.4 Bridge Guardrail with Nightscape Lighting Function

图 5.2.5 座椅与步道灯复合设计
Figure5.2.5 Compound Design of Seats and Walking Lights

图 5.2.6 具有座椅功能的花箱
Figure5.2-6 Garden Pot with Seat Function

图 5.2.7 人行道花箱护栏
Figure5.2-7 Guardrail with Garden Pot on Sidewalk

图 5.2.8 设有街区导向图的路灯杆
Figure5.2.8 Light Pole with Block Guide Map

（以上资料来源：自摄）

5.3 一杆多用
Multi-purposes of One Pole Usage

一杆多用也称为综合杆、合杆、共杆、并杆。在城市道路新建、改扩建工程中，在充分尊重各类专业设备技术要求的基础上，统筹考虑路灯杆、交通标志标牌杆、信号灯杆、监控杆、路名牌杆、公共服务设施指示标志牌杆、电力杆、电车杆、停车诱导指示杆、通信杆等各类杆件的结构、外观与空间布置，进行一杆多用的设计与设置，以高效利用各项设施，集约占地空间（图 5.3.1~ 图 5.3.5）。

A multi-purpose pole is also known as a combined pole, a common pole, and a joint pole. On the basis of fully respecting the technical requirements of all kinds of professional equipment in the construction, reconstruction and expansion projects of urban roads, overall consideration of street lights poles,traffic signs,signal lights poles, monitoring poles, street names plate poles,indicator sign poles for public service facilities,power pole,trolley pole,parking guide lever pole,structure of communication poles, etc.,appearance and spatial arrangement.A way of designing and setting a pole for multiple purposes in order to make efficient use of various facilities and intensively occupies space.

图 5.3.1 一杆多用应用案例（资料来源：自摄）
Figure5.3.1 A Case of Multi-purpose with One Pole Usage

1. 目标 Goals

从规划、设计及建设环节出发，科学、有序地使用城市道路空间，合理减少各类杆件，美化道路环境。

2. 布设原则 Layout Principles

根据道路情况，设置路口合杆设置区（路口交通安全设施集中设置区域）、路段合杆设置区，合理调整杆件间距，整体系统地进行布设。路口合杆设置区以设置要求严格的交通安全设施作为控制点，将需要整合的其他杆件设施移至交通安全设施进行并杆。路段合杆设置区以路灯杆为控制点，将需要整合的其他杆件设施移至路灯设施进行并杆。

3. 管线、设备与配套设施 Pipelines, Equipments and Ancillary Facilities

在一杆多用的基础上，对配套的箱体、地下管线、电力、通信和视频监控设备及设施等进行集约化设计，共建共享，互联互通，做到"多杆合一、多箱合一、多头合一"。配套箱体应布设在人行道公共设施带、路边绿化带和侧分隔带内，注重安全位置与景观要求。道路上其他各类机箱，应在整合后科学规范地布设。

图 5.3.2 一杆多用应用案例（资料来源：自摄）
Figure5.3.2 A Case of Multi-purpose with One Pole

图 5.3.3 一杆多用应用案例（资料来源：自摄）
Figure5.3.3 A Case of Multi-purpose of One Pole Usage

4. 合理预留 Reasonable Reservation

考虑未来发展需求，在主要杆体上应合理预留一定的管孔、荷载和接口等。

5. 新材料、新工艺和新技术 New Materials, Crafts and Technologies

采用新材料、新工艺和新技术，减小综合杆杆径和箱体体积，在保障设施的安全使用的前提下，提升设施设备安装、维护和管理的便捷性。

6. 高效推进 Efficient Propulsion

因一杆多用涉及多家产权单位与管理部门，设计实施要求不一，应集合城建、公安、交管、城管、信息通讯等部门在市级层面成立指挥部，统一协调城市一杆多用的工作。指挥部统一领导相关工作的工作计划、工作流程、统筹与协调机制、实施与管理机制。

7. 长效机制 Long-term Mechanism

通过工程实施，总结相关经验，逐步编制城市道路一杆多用技术导则及管理导则。从杆件的设计建设、验收移交、运维养护出发，制定城市道路杆件设施设计、设置与管理的通用准则。规范城市道路杆件设施后期的运维管理，提高城市道路杆件设施的管控效能，实现对城市道路杆件的全生命周期管理。

图 5.3.4 一杆多用应用案例（资料来源：自摄）
Figure5.3.4 A Case of Multi-purpose of One Pole Usage

图 5.3.5 配套设备箱体小型化：挂式、下沉式应用案例（资料来源：自摄）
Figure5.3.5 Application Case of Miniaturization of Supporting Equipment Cabinet: Hanging Mode, Sinking Mode

5.4 艺术化城市家具
Artistic Urban Furniture

在城市的一些重点区域和节点，应结合空间和景观特点重点打造具有文化和艺术特色的城市家具。在街道、公园、广场、滨水空间、商业区域、文化历史街区等人们最常利用的户外休闲空间中，使城市家具成为环境景观的亮点，营造具有活力和魅力的城市空间（图5.4.1～图5.4.14）。

In some key areas and nodes of the city, urban furniture with cultural and artistic characteristics should be built with emphasis on the combination of space and landscape characteristics. In these outdoor leisure spaces, such as streets, parks, squares, waterfront spaces, commercial areas, cultural and historical blocks and so on, which are most commonly used by people, urban furniture has become a bright spot in the environmental landscape, creating a dynamic and charming urban space.

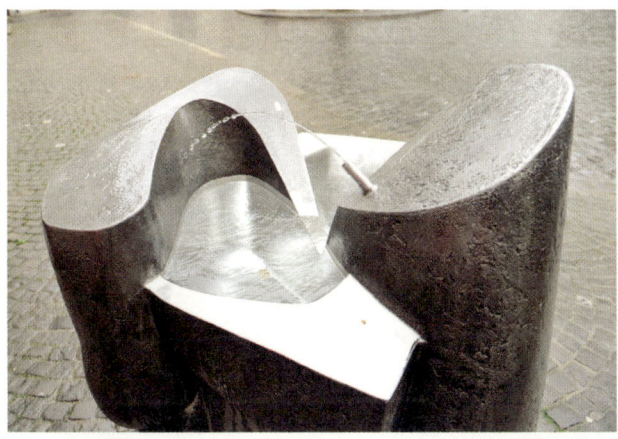

<table>
<tr><td>1</td><td>2</td></tr>
<tr><td>3</td><td>4</td></tr>
<tr><td colspan="2">5</td></tr>
</table>

图 5.4.1 直饮水设施
Figure5.4.1 Direct Drinking Water Facilities

图 5.4.2 图 5.4.3 艺术座椅
Figure5.4.2 Figure5.4.3 Artistic Seat

图 5.4.4 步行者导向牌
Figure5.4.4 Pedestrian Guide Plate

图 5.4.5 结合公共艺术设计的景观铺装
Figure5.4.5 Landscape Pavement Combined with Public Art Design

（以上资料来源：自摄）

6	7
8	10
9	

图 5.4.6 船锚造型挡车桩
Figure5.4.6 Anchor-like Bollards

图 5.4.7 趣味设计扶手栏杆
Figure5.4.7 Interesting Design of Handrail

图 5.4.8 有环境景观照明功能的艺术座椅
Figure5.4.8 Artistic Seat Integrated Landscape Lighting Function

图 5.4.9 艺术座椅
Figure5.4.9 Artistic Seat

图 5.4.10 艺术路灯
Figure5.4.10 Artistic Street Lights

（以上资料来源：自摄）

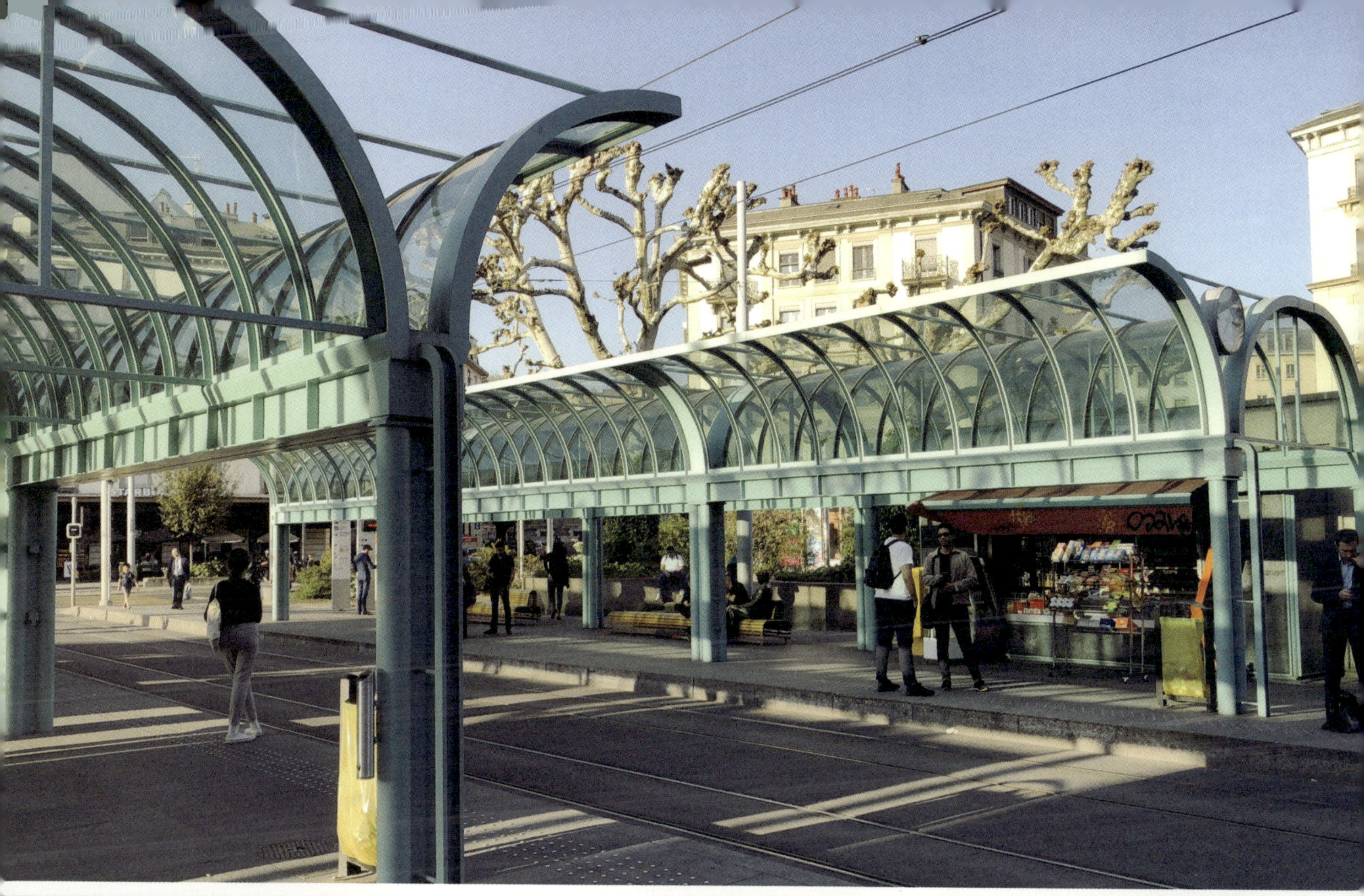

11
12 13
14

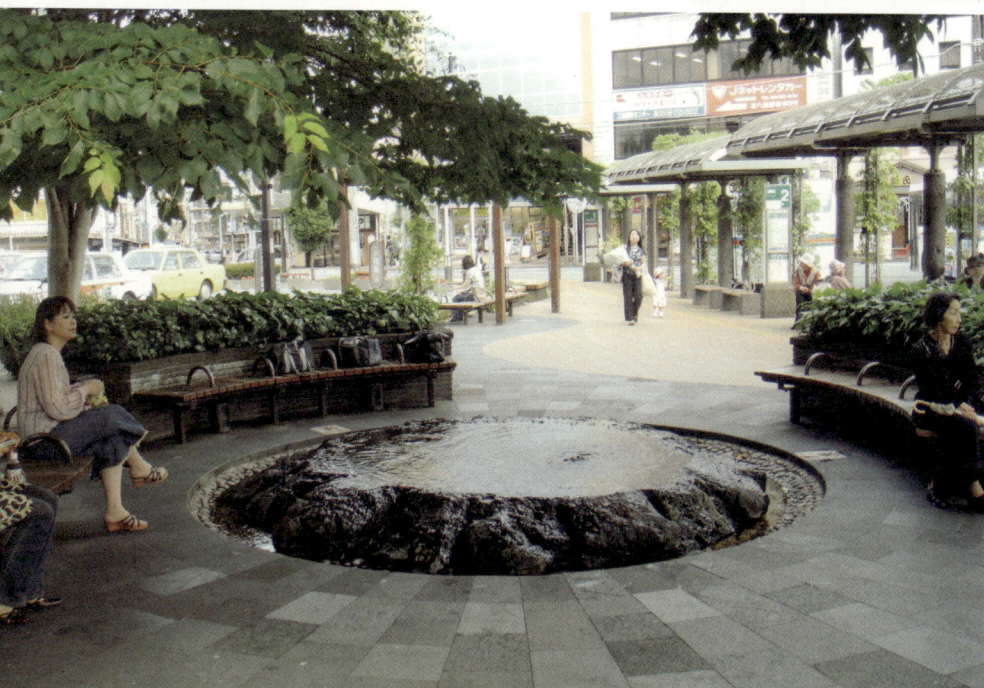

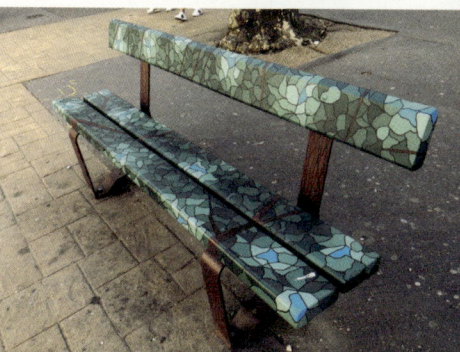

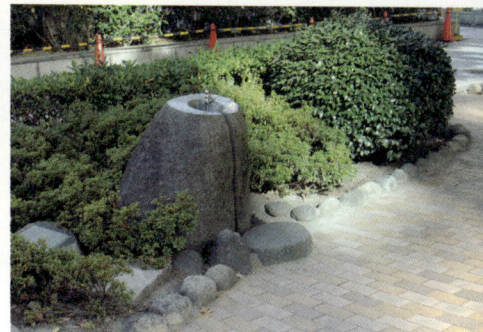

图 5.4.11 艺术化候车亭
Figure5.4.11 Artistic Bus Shelter

图 5.4.12 站前广场节点景观
Figure5.4.12 Node Landscape of the Square in Front of the Station

图 5.4.13 艺术化座椅
Figure5.4.13 Artistic Seat

图 5.4.14 结合绿化景观设计的直饮水设施
Figure5.4.14 Drinking Fountain Facilities Combined with Greening Landscape Designing

（以上资料来源：自摄）

5.5 智慧城市家具
Intelligent Urban Furniture

智慧城市家具是构建智慧城市的重要载体。随着"互联网＋"、云计算、大数据等新一代信息技术迅猛发展，以及物联网时代的到来，智能城市家具的应用和发展成为必然趋势，搭载了各类信息技术模块的智慧路灯、智慧公交站台、智能路牌等，集成了照明调控、环境监测、交通安全监控、信息发布、充电、数据采集、远程调度等服务和应用，大大提升了现代化城市管理的水平和效率，为市民的出行创建了更加安全、便利、优质的服务。

Intelligent Urban Furniture is an important carrier to construct intelligent city. With the rapid development of the new generation of information technology such as 'Internet +',cloud calculating,big data,and the arrival of the Internet of goods era,the application and development of intelligent Urban Furniture becomes an inevitable trend,intelligence streetlights equipped with various information technology modules,intelligence public transport platform,intelligence road sign,integrated lighting control,environmental monitoring,traffic safety monitoring,information delivery,charge,data acquisition,services and applications such as remote scheduling.It has greatly enhanced the level and efficiency of modern urban management and created a new way for citizens to travel more safely, conveniently and with high quality service.

■ 复合功能的智慧城市家具
Intelligent Urban Furniture with Multiple Functions

复合功能的智慧城市家具往往需要多部门合作，或者导入商业模式方能落地。各类端口的提供、后期的管理与维护、数据信息的共享等是复合型智慧城市家具落地的关键（图 5.5.1）。

图 5.5.1 智慧路灯——路灯可与太阳能蓄电、智能照明、无线网络、手机充电、信息发布、充电桩、智能传感等可选配产品相结合。1 盏智慧路灯可以控制 200 盏智能路灯，实现以点带线的智慧控制效果（即智慧灯网）。
（资料来源：自绘）

Figure5.5.1:Intelligent streetlights—streetlights can be combined with solar storage, intelligent lighting, wireless network, mobile phone charging, information dissemination, charging piles, smart sensing and other optional products. One intelligent streetlight can control 200 intelligent streetlights to achieve the effect of intelligent control with dots and lines（Intelligent lights net）.

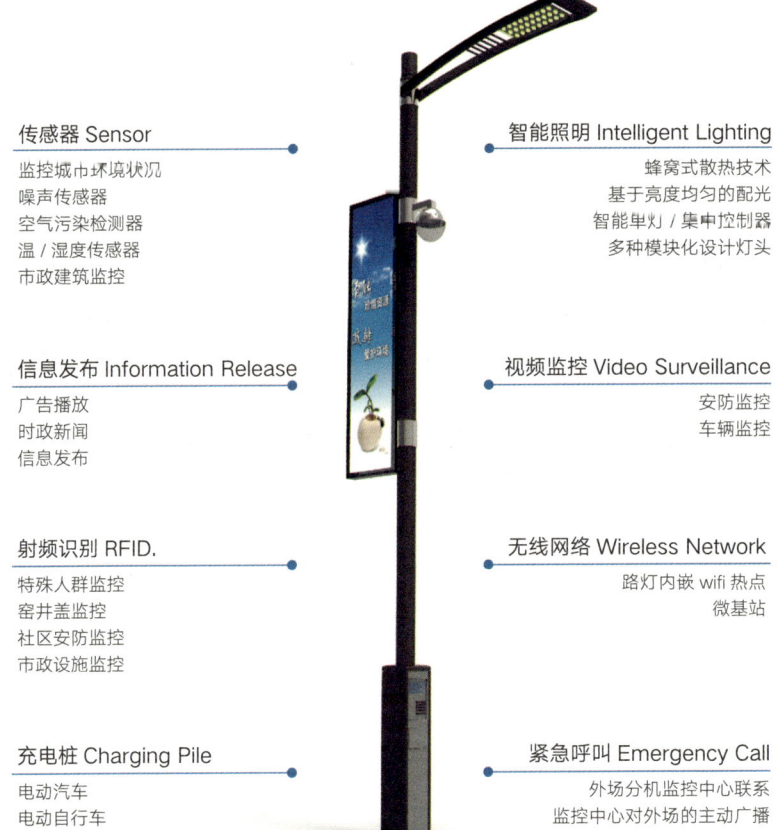

传感器 Sensor
监控城市环境状况
噪声传感器
空气污染检测器
温 / 湿度传感器
市政建筑监控

智能照明 Intelligent Lighting
蜂窝式散热技术
基于亮度均匀的配光
智能单灯 / 集中控制器
多种模块化设计灯头

信息发布 Information Release
广告播放
时政新闻
信息发布

视频监控 Video Surveillance
安防监控
车辆监控

射频识别 RFID.
特殊人群监控
窨井盖监控
社区安防监控
市政设施监控

无线网络 Wireless Network
路灯内嵌 wifi 热点
微基站

充电桩 Charging Pile
电动汽车
电动自行车

紧急呼叫 Emergency Call
外场分机监控中心联系
监控中心对外场的主动广播

■ **智慧公交** Intelligent Public Transportation

停车诱导指示牌、实时交通信息牌、智能公交站台、智能站牌、共享
单车、共享汽车、智能停车设施等，可通过智慧系统云平台的控制，
促进智慧出行（图 5.5.2、图 5.5.3）。

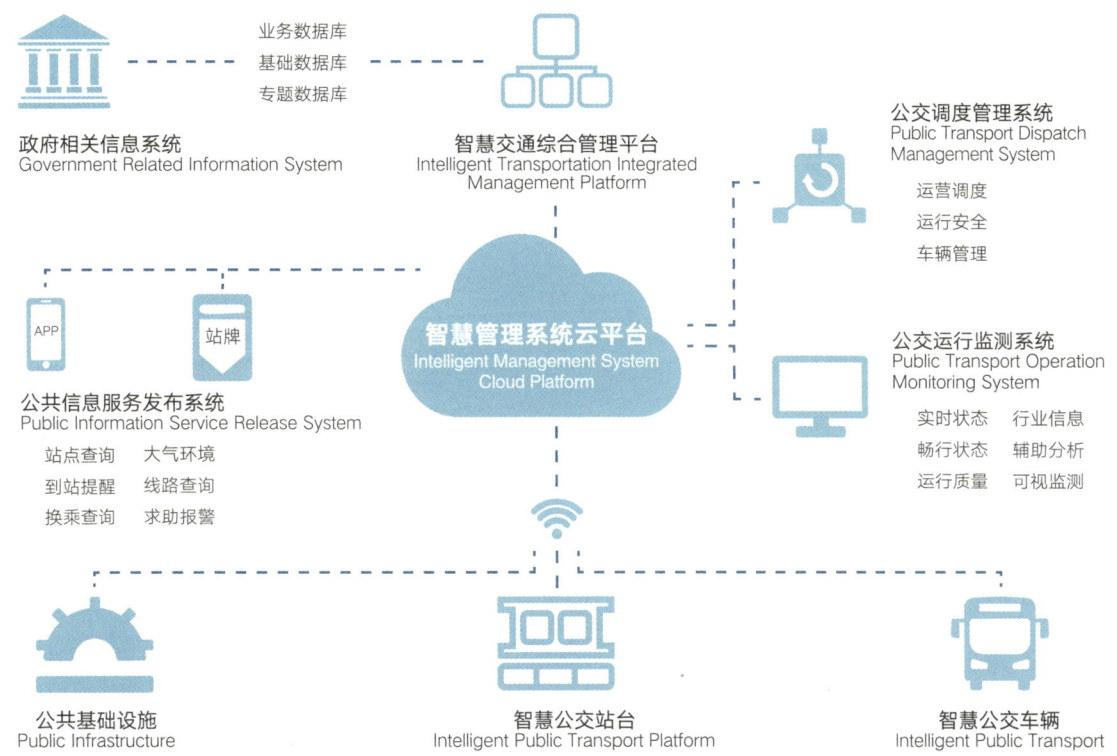

图 5.5.2 智能公交系统（资料来源：自绘）
Figure5.5.2 Intelligent Public Transportation System

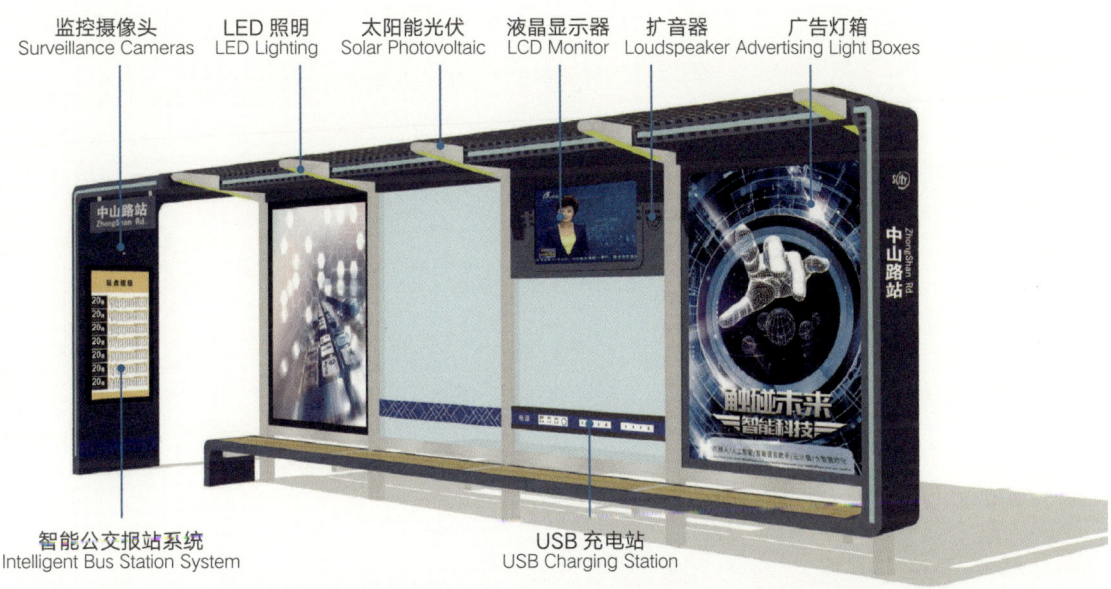

图 5.5.3 智能公交车站、站牌——实时显示各班公交车到本站距离、预计到站时间，可呼叫出租车，亦可整合 wifi 信号、充电功能（资料来源：自绘）
Figure5.5.3 Intelligent Bus Stop, Stop Board—Real-time display of the distance from each bus to the station, the expected arrival time, can call a taxi, can also integrate wifi signal, charging function

■ **智慧管理系统** Intelligent Management System

智慧路灯管理系统、智能交通管理系统、智能监控系统等提升了城市管理效率与水平。同时城市在多管理系统的基础上应实现互联互通、共享公用，构建城市家具管理的大数据平台与智慧中枢，逐步将城市家具构建为城市"智慧大脑"的"神经元"（图 5.5.4、图 5.5.5）。

城市照明综合管理平台
Integrated Urban Lighting Management Platform

城市照明设施动态数据库和无线三遥与 GIS 高度融合

微信企业号和微信公众号
WeChat Enterprise Account and WeChat Official Account

市民只要扫描灯杆号牌上的二维码便可实现报修，提供了更加优质的报修服务

带漏电自动报警的单灯控制器
Single Lights Controller with Automatic Alarm of Leakage Current

解决了设施的安全运行的大问题，可以产生巨大的社会效益

视频截屏监控系统
Video Capture Monitor System

通过前半夜、后半夜监控截屏比对及时发现问题，随时掌握重要节点的照明效果

恒照度 LED 路灯
Constant Illumination LED Street Lights

根据光衰曲线来填补功率，该技术可以节电 20% 左右

电费使用动态分析系统
Electricity Usage Dynamic Analysis System

通过大数据分析今年查处 3 起窃电行为，追回损失 2100 元

创新管理
Innovation Management

图 5.5.4 智慧路灯管理系统（资料来源：南通市城市照明管理处）
Figure5.5.4 Intelligent Street Lights Management System（Source of Data：Urban Lighting Management Office of Nantong）

■ **智慧交互** Intelligence Interaction

各种智慧城市家具既是服务端口，也是信息采集与交互的端口。通过使用数据采集与大数据分析，可以为提升管理与服务提供数据支持。同时智能城市家具采集的数据，可以形成智慧城市的综合信息平台，通过电子屏幕及各种 APP 应用端，将信息反馈给市民。

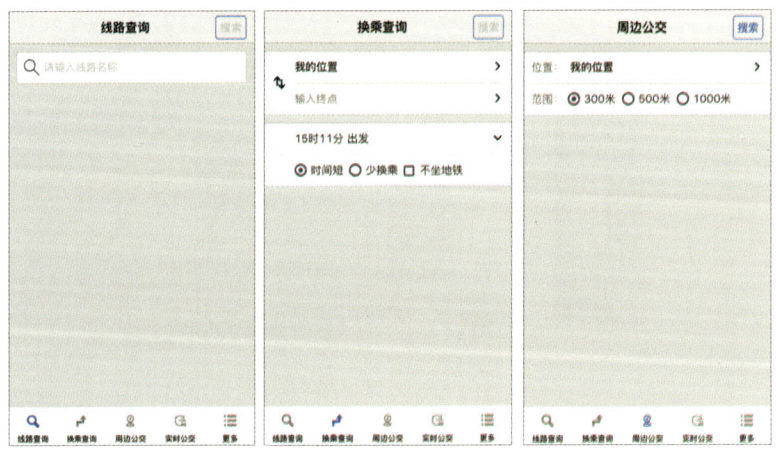

图 5.5.5 智慧交互——APP 应用端
Figure 5.5.5 Intelligence Interaction—App End

06

TYPICAL CASE
典型案例

6.1 城市重要历史风貌区环境整体建设案例

Overall Construction of the Environment in the Important Historic District of the City

项目信息

名称：日本大道（横滨市）

设计单位：横滨市城市规划局都市设计部

概况：关内地区的主要街道，连接横滨公园和大海；

明治3年建成的日本最早的西洋式街道；

沿街排列着神奈川政府大楼、横滨开港资料馆等历史建筑；

道路宽度约35m（2车道，两侧人行道）；

随着2009年象鼻公园开业成为连接公园和大海的一条主要道路。

日本横滨市中区日本大道，科学系统的城市家具设计与布置，提升了街道的景观魅力，为市民提供了优质的城市空间。适宜的尺度与合理的设置，在规范市民行为的同时也为市民提供了优质的使用体验（图 6.1.1，图 6.1.2）。

The urban furniture designing and layout of the scientific system of Japan Avenue in the central district of Yokohama, Japan, has enhanced the landscape charm of the streets and provided high-quality urban space for the citizens（Figure6.1.1,Figure6.1.2）.

图 6.1.1 横滨市日本大道都市轴计划示意图（横滨市城市规划 2012 年 3 月）
Figure 6.1.1 Yokohama City Japan Avenue Metropolitan Axis Plan schematic(Yokohama City Planning March 2012)
图片来源：横滨市城市规划局都市设计部官网
http://www.city.yokohama.lg.jp/toshi/design/

图 6.1.2 横滨市日本大道人行道风貌（资料来源：自摄）
Figure 6.1.2 The Style and Feature of Japan Avenue Sidewalk in Yokohama

日本大道是日本最早的西洋式马路，于1871年建设完成。它是一条路宽36m、总长430m的通向海港的宽敞马路。在日本大道上有神奈川政府大楼、横滨开港资料馆、横滨邮局、旧工商奖励馆、旧市外电话局、横滨地方法院、二廾物产横滨大厦、旧关东财务局等重要历史设施。

明治时期，人力车和汽车等穿梭于日本大道这条主干道上。曾多次被规划局重新整备的日本大道，当初道路宽度36m，两侧人行道3m，绿化带9m。关东大地震复兴整备计划进行时，道路宽度变成了22m，人行道包括绿化带被削减到了7m。到2002年在整备计划中将道路宽度又加宽了13.5m，接近最初的道路宽度。

最初的设计是为了发生火灾时不会蔓延到两边的建筑而将路面宽度设定得比较宽，随着机动车的不断增加，路面宽度的设定主要是为穿梭往来的机动车服务。然而在这条横滨景观大道上，车道没有被无限制地拓宽，相反，人行道的宽度倍增，形成了风格舒适、美丽、与周边景观相和谐的大道。不仅拓宽了人行道，沿街店面还建立了一个机制，推出了开放式咖啡空间。如今听来是一件最平常不过的事情，但实际在国土面积资源匮乏的日本，从法律角度来讲道路被用作交通以外的用途是一件非常

困难的事情。推出开放式咖啡空间后，日本大道不仅是一条可以舒适步行的林荫大道，并重生为一条可以尽情享受欢乐氛围的人性化街道（图6.1.3 ~ 图6.1.6）。

日本大道作为横滨开港期城市建设的轴线被重点开发。特别是1970年以后，都市设计的主题是围绕将横滨市打造成有活力、有魅力的港口城市而开展的。设计的目标就将美学、人类价值观、各区域的自然性、历史性、文化价值融入都市设计中，具体的方法是：

（1）确保行人可以在一个安全舒适的空间中活动；

（2）增加人与人交往、交流的社交场地；

（3）重视道路的形态和视觉美的创造；

（4）尊重地区本身的自然风貌特征；

（5）丰富街区内的绿地和公共场地；

（6）保护区域内的历史文化遗产。

图 6.1.3 美丽整洁、舒适的日本大道：人行道的铺装采用了与历史建筑物和银杏行道树相协调、具有安定厚重感和历史感的石材。
Figure 6.1.3 He Beautiful, Clean, Open and Comfortable Japan Avenue: Sidewalk are Paved with Stone Materials. That are in Harmony With Historical Buildings and Ginkgo Trees and Have a Sense of Stability, Weight and History

图 6.1.4 介绍周边历史建筑的信息牌
Figure 6.1.4 Information Boards for the Surrounding Historic Buildings

图 6.1.5 与周围景观相协调的挡车桩和移动花坛
Figure 6.1.5 Car Stops and Movable Flower Beds in Harmony with the Surrounding Landscape

图 6.1.6 "日本大道"路名牌
Figure 6.1.6 The Street Name Plate of 'Japan Avenue'

（以上资料来源：自摄）

图 6.1.7 在日本大道上悠闲漫步的人、充满魅力的街道公共空间。（资料来源：自摄）
Figure 6.1.7 A leisurely Stroll along Japan Avenue, A Glamorous Street Public Space

图 6.1.8，图 6.1.9，图 6.1.10 具有统一色彩、元素和造型，经系统设计的栅栏、挡车桩、路灯等设施。花坛一侧的栏杆同时有座凳功能可供行人休憩。栏杆一头柱墩立面的反光板设计有银杏叶的装饰图案。（资料来源：自摄）
Figure 6.1.8，Figure 6.1.9，Figure 6.1.10 Unified Color, Element and Modelling, Fence,Block Stake,Street Lights and So On with the System Design. Railing on One Side of the Flower Bed With the Function of Sitting on a Bench for Pedestrians to Rest. The Reflector on the Facade of a Column Pier with a Decorative Pattern of Ginkgo Leaves.

日本大道城市家具的设计方向：

（1）护栏、挡车桩、路灯、路名牌、步行者导向牌、交通标志牌以及其他道路附属物、杆件等的形状，要与周围的历史建筑和开港历史所传达的高格调风格相匹配。

（2）护栏、挡车桩、路灯、路名牌、步行者导向牌、交通标志牌以及其他道路附属物、杆件等色彩有明确规定（色调2.5G，亮度4.0，饱和度1.0）。

（3）路名牌、步行者导向牌以及道路附属物等设备的大小，在确保不影响功能的前提下，设计得尽可能小巧。

（4）为了与日本大道两边的历史建筑物和银杏行道树相和谐，日本大道人行道铺装采用花岗石等厚重的材料，以求达到厚重的历史感。

（5）银杏行道树自然生长，向海港延伸。

道路和公园这样的公共空间其实都蕴含着很多魅力元素，如何开发和活用这些魅力元素，将城市建设成富有活力的吸引人的地方，正是城市设计者最重要的工作。提高公共空间的品质和便利性，最直接的方法就是对城市家具进行系统设计。

日本大道广受好评后，2011年银杏林荫道被指定为横滨市"景观重要树木"，日本大道作为横滨最具代表性的空间获得了国土交通省的"都市景观大奖"。日本大道成为电影、电视、广告拍摄的最佳首选地。好景观再加上地处关东地区中央的地理位置、周围有横滨港未来21新区和中华街等著名观光地，吸引着全国乃至世界各地的游客前来观光（图6.1.7~图6.1.13）。

（以上资料来源：自摄）

11	
12	13

图 6.1.11 横滨市日本大道上传达历史文化信息的地面铺装
Figure 6.1.11 The Ground Pavement Conveying Historical and Cultural Information on Yokohama's Japan Avenue

图 6.1.12 横滨市日本大道上个性化设计的消防栓、给水栓井盖
Figure 6.1.12 Individualized Designing of Fire Hydrant and Water Hydrant Manhole Cover on Japan Avenue in Yokohama

图 6.1.13 横滨市日本大道上设置在街角花坛中的引导指示牌
Figure 6.1.13 Guide Signs Setting-up in Flower Beds at Street Corners on Yokohama's Japan Avenue

6.2 市中心重点区域特色环境
建设案例

Special Environment Construction in the
Key Areas of the City Center

神户（Kobe）位于日本四大岛中最大岛 —— 本州岛的西南部，西枕六甲山，面向大阪湾。位于京阪神大都市圈，是兵库县的县厅所在地，也是政令指定都市之一，日本国际贸易港口城市。1868 年，神户成为日本最早开放对外国通商的五个港口之一，之后神户迅速发展为日本最重要的港口城市之一。1995 年的阪神·淡路大地震给神户带来了巨大的打击，神户的震后复兴也同样面临诸多问题，然而经过多年的重建，神户的城市建设和人口都超过地震之前的水准（图 6.2.1）。

Kobe is located in the southwest of Honshu, the largest of Japan's four islands, with west pillow Liujia Mountain, facing Osaka Bay. Located in the Tokyo–Osaka–Kobe metropolitan area. It is the seat of Hyogo prefecture, one of the designated cities by decree, and a port city for international trade in Japan. Kobe became one of Japan's first five ports to open to foreign trade in 1868 and has grown since then rapidly and has become one of Japan's most important port cities. Kobe was hit hard by the 1995 Kobe Awaji earthquake, and Kobe's post–quake recovery is also facing problems. However, after years of reconstruction, Kobe's urban construction and population have exceeded pre–earthquake levels（Figure 6.2.1）.

图 6.2.1 神户北野异人馆街区域城市家具（资料来源：自摄）
Figure 6.2.1 Urban Furniture of Kobe Kitano Ijinkan Area

2007 年，神户市提出"设计之都·神户"的城市发展目标，以"宜居、宜游、宜业为目标，所有的市民参与，充分发挥神户的资源优势，在设计的基点上献策献力共建魅力之都"为基本理念，并从"设计"的视点出发，重新审视神户的城市特质，为发掘和创造城市新的魅力与活力以及丰富的生活环境制定了中长期方针。

"设计之都·神户"的 5 个目标和 3 个实践阶段：

5 个目标：即为实现"设计之都·神户"，从以下 5 个视点出发，连接人·物·城市，重新审视和打磨"独特的神户"的目标。

1. 使生活更加丰富的设计。

2. 充分发挥魅力和个性的设计。

3. 激发经济活力的设计。

4. 提升创造力的设计。

5. 培育心灵维系子孙后代幸福的设计。

3 个实践阶段：

1. 城市的设计：目标为充分利用地域个性的魅力空间，使其充溢繁华和乐趣，使市民感到宁静和愉悦。

2. 生活的设计：目标为使市民能够与优秀的设计相遇而培育创造性，

尊重多样的生活方式，热爱家乡，让人有生机盎然之感的生活环境。

3. 产业的设计：目标为支持以优秀设计为主导的高附加值产品，创造新的市场带动产业发展的城市。

"设计之都·神户"的发展目标制定，使神户在多元文化共生的优势资源基础上，充分吸引并发挥了全体市民的智慧以及来自大学、企业等各方社会力量，在 21 世纪之后，震后重建取得了举世瞩目的成就。2008 年被联合国教科文组织评选为"设计之都"，是亚洲首个获此殊荣的城市。2012 年在瑞士的咨询公司 ECA 国际评选出的世界宜居城市中排名第五位，是唯一入选前 10 位的日本城市（图 6.2.2~ 图 6.2.7）。

2	5
3	6
4	7

图 6.2.2 道路中央隔离带花箱及护栏设计（资料来源：自摄）
Figure 6.2.2 Road Center Isolation with Flower Box and Guardrail Designing

图 6.2.3, 图 6.2.4 街道两侧人行道设置可供休憩的座椅（资料来源：自摄）
Figure 6.2.3,Figure 6.2.4 The Sidewalk on Both Sides of the Street are Provided with Rest Seats

图 6.2.5, 图 6.2.6 倡导"Universal Designing(通用性设计)"的无障碍铺装(资料来源: 自摄)
Figure 6.2.5,Figure 6.2.6 Advocating Universal Designing for Barrier-free Pavement

图 6.2.7 美丽的地面铺装兼有方向标识（资料来源：自摄）
Figure 6.2.7 Beautiful Floor Coverings with Directional Signage

图 6.2.8 市中心标志景观 "神户花钟"（资料来源：自摄）
Figure 6.2.8 Downtown Symbolic Landscape "Kobe Flower Bell"

图 6.2.9 街边 "微花园" 设置导引标识牌
（资料来源：自摄）
Figure 6.2.9 Street "Micro Garden" Set Guide Sign

震灾后曾让市民为之自豪的美丽城市毁于一旦，整个城市被瓦砾废墟所覆盖。然而，在灾害救助活动和震后复建中，所有市民齐心合力重建家园，成为振兴地域的巨大原动力。如今，众多的市民仍致力于参与建设美丽城市的各种活动，如地域及河川环境清理整治、种植鲜花的活动、观光地的导游志愿者、清理涂鸦、街区保护等持续开展起来，企业、机构和 NPO 组织也加入其中。让神户成为人们最渴望聚集、观光、工作、生活的美丽城市，是所有市民为之奋斗努力的共同心愿。

三宫站位于市中心，是神户的交通枢纽，其周边区域凝聚了神户的精华。从三宫站延伸至海滨的大道因美丽的花坛和四处点缀的艺术雕塑而闻名，名为 "Flower Road（花之大道）"，著名的 "花钟" 即位于这条街道之侧。街道两侧的花坛即是政府和市民共创的杰出作品。为了吸引企业及社会团体积极参与绿化建设和维护管理，制定了街道的各个节点及各区主要公共花坛募集赞助商的制度，主要募集每年的基本管理费和维护费，并为赞助商在所赞助的花坛竖立统一样式的标牌，对企业和团体的公益行为也进行宣传。官民共建的举措形成了一座开满繁花的城市，让外来观光的游客惊喜不已（图 6.2.8~ 图 6.2.13）。

图 6.2.10 "Flower Road（花之大道）"及街道两侧的"赞助商花坛"（资料来源：自摄）
Figure 6.2.10 "Flower Road"and "Sponsor Flower Beds"on Both Sides of the Street

图 6.2.11 街边"微公园"中的公共艺术品（资料来源：自摄）
Figure 6.2.11 Public Artworks in the Street "Micro Park"

图 6.2.12 北野通路的花坛及艺术座椅，兼有挡车桩 / 护栏的作用
（资料来源：自摄）
Figure 6.2.12 Flower Beds and Artistic Seats in Kitano Road with the Function of
Bollards and Guardrail

图 6.2.13 市中心区域的艺术导向牌（资料来源：自摄）
Figure 6.2.13 Art Guide Signs in the Downtown Area

图 6.2.14 慢行系统优先的铺装及行人可穿越的隔离方式（资料来源：自摄）
Figure 6.2.14 The Slow-Moving System Gives Priority to Paving and Pedestrians can Pass through Isolation

图 6.2.15 店招标牌等装饰元素使整个街区充满欧式风情（资料来源：自摄）
Figure 6.2.15 Decorative Elements Such as Shop Bidding Cards Make the Neighborhood Full of European Style

图 6.2.16 与环境融合、系统化、艺术化的城市家具（资料来源：自摄）
Figure 6.2.16 Systematic, Artistically Designed Urban Furniture that Blends with the Environment

图 6.2.17 北野异人馆街区系统化城市家具（资料来源：自摄）
Figure 6.2.17 Kitano Ijinkan Area Systematic Designed Urban Furniture

明治时代神户开港后，欧洲商人逐渐在神户集居，并在北野山坡建起了许多风格各异的外国领事馆、私人住宅和商铺。经历百余年岁月，这些代表神户历史和文化的建筑群完好地保存下来，部分建筑被改造成了博物馆或美术馆。洋馆之间点缀着精品店、咖啡店、小餐馆和花店，成为了著名的特色街区"北野异人馆街区"。整个区域弥漫着优雅的异国情调，宛如欧洲小城，各种指路牌、路灯、花箱、挡车桩等城市家具也充满着欧式的经典元素，充满了东西合璧的风情（图 6.2.14~ 图 6.2.17）。

6.3 公园特色环境建设案例

The Park Characteristic Environment Construction

项目信息

项目名称：LaLaport豊洲

地点：东京都江东区豊洲二丁目

设计团队：日本Earthscape事务所

占地面积：67,499 m²

建筑占地面积：62,000 m²

前身：旧石川岛播磨重工业东京第一工厂

使用时间：2006年10月5日

设施设计管理者：三井不动产株式会社

豊洲海滨公园是一处可供游客享受东京湾海岸线景致的人工海滨公园，园区的整体环境以人与自然的和谐相处为主导，科学的景观城市家具系统设计使人们无论在礁石上戏水、漫步人造沙滩，或者坐在草坪上凝视远方都无比的放松惬意。园区内的城市家具设计元素保留了原有的造船厂遗址、码头栓等元素。沿海建造的大型商业综合体前的广场上，各种利民的城市家具被系统化设计，与周围海洋、船、港口的主题相呼应（图6.3.1）。

Lui Chau Waterfront Park is an artificial waterfront park for tourists to enjoy the shoreline of Tokyo Bay. The overall environment of the park is dominated by the harmony between human beings and nature. The scientific designing of the landscape urban furniture system allows people to relax while they are splashing on rocks, walking on artificial beaches, or sitting on lawns gazing into the distance. The designing elements of urban furniture in the park retain the original shipyard site, wharf bolt and other elements. In the square in front of the large-scale commercial complex built along the coast, all kinds of urban furniture for the benefits of the people have been systematically designed, echoing the themes of the surrounding oceans, ships, and ports (Figure 6.3.1).

图 6.3.1 东京都江区豊洲 Lalaport 海滨公园绿地广场（资料来源：自摄）
Figure 6.3.1 Bunchow Lalaport Seaside Park Green Space Plaza, Tokyo River District

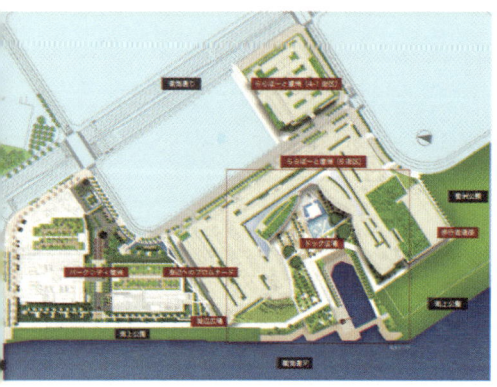

豊洲是位于东京湾南部，大正后期填海扩地出来的一片土地。关东大地震后，倒塌的建筑残骸、瓦砾等流入海洋，促进了填海造田事业。昭和10年石川岛造船所工厂以及员工宿舍完成，昭和30年代东京燃气豊州工厂和新东京火力发电所正式开始运作。整个昭和时代，豊州海岸担负着工业地带的重要使命。

然而，随着时代的迁移，昭和时代到了平成时代，早期的工厂逐渐被关闭。随之而来的就是豊洲地区北侧至豊洲二，三丁目地块的整体建设。在这些原来的工厂遗迹上，建造办公楼、高层住宅、大规模商业综合体等由民间主导决策的城市规划。2006年，LaLaport大型商业综合体和芝浦工业大学等主要公共设施竣工，崭新的街区风貌展现在市民面前。

这个项目是私企发起的开发项目中最大的一个，借助于民间的各种资源和优势，将该地块打造成未来海滨区域项目的典范，从而促进东京市区资源整合重建，激励更多的私企加入到新一轮的城镇发展项目中。

海滨公园保留了历史元素，延续了集体记忆。设计师将整个景观想象为海洋，游客为领海者，并将船坞的符号运用到各个家具和小品中，独具特色（图6.3.2~图6.3.6）。

2

3

图 6.3.2 东京都江东区豊洲 LaLaport 海滨公园绿地广场（资料来源：自摄）
Figure 6.3.2 Tokyo Jiangdong District LaLaport Seaside Park Green Space Plaza

图 6.3.3 海滨公园平面图
Figure 6.3.3 Plan of Seaside Park
（图片来自：http://mitsuifudosan.co.jp/corporate/news/2005/1208/img/051208_02b.jpg）

图 6.3.4 Lalaport 丰洲纪念碑广场的座椅是眺望海景的绝佳地点（资料来源：自摄）
Figure 6.3.4 The Seats in Lalaport Bunchau Monument Square are Excellent Place to Have a Good View of the Sea

图 6.3.5 躺在休闲座椅上的人们在享受日光浴（资料来源：自摄）
Figure 6.3.5 People Lying in Leisure Seats are Sunbathing

图 6.3.6 Lalaport 保留船坞元素的路灯造型（资料来源：自摄）
Figure 6.3.6 Street Lights Modeling of Lalaport Preserving Dock Elements

图 6.3.7 景区导视牌从设计到结构，注重细节把握（资料来源：自摄）
Figure 6.3.7 Scenic Spot Guide Board from Designing to Structure, Paying Attention to Grasping the Details

图 6.3.8 Lalaport 公园内草坪景观灯（资料来源：自摄）
Figure 6.3.8 Lawn Landscape Lights in Lalaport Park

图 6.3.9 Lalaport 公园周边广场（资料来源：自摄）
Figure 6.3.9 The Square Around the Lalaport Park

象征海洋的设计理念迎合了商业理念，Lalaport 作为成功的商业项目品牌，在日文中 Lala 含有"跳动的旋律、愉快的心情"之意。消费者来此可以感受跳动的旋律，拥有愉悦的心情，享受购物、休闲的美好时光。

豊洲地区的开发最基本的理念就是灵活运用该地区原有的特征，发挥区域优势，将该地区打造成有魅力，吸引人的基地，以促进该区域综合性开拓性的城市规划。具体概念如下：

1. 新一代产业·业务的据点。信息相关、医疗、环境、能源等新一代产业·业务功能和国际化人才和信息的交流功能的导入，形成代表东京活力的新据点区域。

2. 沿水开发的繁华空间。灵活运用面前的水域、造船厂、码头遗址等既存历史风貌，聚集与其相匹配的特色商业、文化、娱乐功能的设施。继而成为一个可以让国内外游客尽情娱乐、休闲的东京新旅游观光景点。

3. 吸引人，有魅力的都市型居住空间。利用近接市中心的优越地理位置以及沿水的良好景观，逐渐形成良好的环境，对应高素质高品质的生活方式，成为高端产业和技术人才聚集区。

4. 临海的交通据点地区。除了临海线延伸到豊洲区域外，地铁 8 号线的延伸以及海上、水上巴士的导入，形成了便利的交通网，成为领海地区新的入口交通节点，为人们的聚集和交流提供了一个便捷，繁华的互动空间。

图 6.3.10 用船锚做的景观小品与环境很好地结合（资料来源：自摄）
Figure 6.3.10 Landscape Accessories Made of Anchors are well Integrated with the Environment

豐州海滨公园保留了原有的造船厂遗址、码头栓等元素。城市家具的设计是豐州海滨公园的一大亮点特色，沿海建造的大型商业综合体前的广场上，各种利民的城市家具被系统化设计，原有造船厂，码头栓等元素融合到设计中与周围海洋、船、港口的主题相呼应。

豐洲 Lalaport 之中的全部城市家具都采用了从独特的记忆中提取的设计灵感和充满趣味的设计理念，例如提取旧船坞的记忆而来的设计、黄昏时分沿海平线欣赏日落之美的场地，以及许多其他景观图形。

公共艺术与环境的协调不仅仅是视觉上的协调，同时还表现为公共艺术与生活在这个环境中的公众在文化精神上的协调和一致。而豐洲海滨公园的景观设施设计无论在视觉还是在使用体验上，都带给人高度的愉悦（图 6.3.7～图 6.3.12）。

图 6.3.11 提取旧有记忆，延续本地海洋船坞历史痕迹（资料来源：自摄）
Figure 6.3.11 Retrieval of Old Memories and Continuation of Historical Traces of Local Marine Shipyards

图 6.3.12 豐洲站前广场创意小品（资料来源：自摄）
Figure 6.3.12 Creative Sketches at the Piazza in Front of the Bundeshow Station

6.4 与历史环境协调共生的现代城市家具案例

The Harmony and Symbiosis the Historical Environment–Modern Urban Furniture

意大利，作为欧洲文化与艺术的发源地之一，随处可见的文化遗产闪耀着欧洲文明的光辉，如身处历史博物馆般的体验让人心生崇敬。意大利人解决了现代设计融入传统环境的问题，意大利的城市家具就是典型案例（图 6.4.1）。

Italy, as one of the birthplaces of European culture and art, the visible cultural heritage shining with the glory of European civilization, such as living in a history museum–like experience is revered.Italians solved the problem of how to putting integrate morden design into traditional environment traditional environment, Italy's urban furniture is a typical case（Figure 6.4.1）.

图 6.4.1 米兰大教堂前的自行车停放设施（资料来源：自摄）
Figure 6.4.1 Bicycle Parking Facilities in Front of Milan Cathedral

意大利是欧洲文化的摇篮，也是拥有世界遗产最多的国家。它曾孕育出罗马文化及伊特拉斯坎文明，而意大利的首都罗马，几个世纪以来都是西方世界的政治中心，也曾经是罗马帝国的首都。13 世纪末的意大利更是成为欧洲文艺复兴的发源地。意大利在艺术和时尚领域也处于世界领导地位，主要城市有米兰、佛罗伦萨、比萨、威尼斯、热那亚、都灵等。其中，米兰作为意大利第二大城市，也是世界时尚之都。

辗转意大利北部米兰、科莫、都灵、热那亚、佛罗伦萨、威尼斯等多个城市后，发现各个城市面貌各异、整洁优美，历史文化的积淀在城市中随处可见。意大利对文化的继承与保护让我们惊叹的同时，创新精神同样深具感染力。意大利解决了现代设计融入传统环境的问题，身处如历史博物馆的街道上，也同样具有十足的现代感（图 6.4.2~ 图 6.4.8）。

| 2 | 3 | 6 |
| 4 | 5 | 7 8 |

图 6.4.2 佛罗伦萨有照明功能的勺子艺术品
Figure 6.4.2 Florentine Illuminated Spoon Artwork

图 6.4.3 都灵市区公交车站台设计
Figure 6.4.3 Designing of Public Transport Platform in Turin City

图 6.4.4 都灵市区雕塑
Figure 6.4.4 Sculpture in Turin City

图 6.4.5 都灵市区的挡车桩组合
Figure 6.4.5 Combination of Retaining Piles in Turin City

图 6.4.6 都灵门廊式路灯
Figure 6.4.6 Turin Porch Street Lights

图 6.4.7 组合式路面铺装
Figure 6.4.7 Combined Pavement

图 6.4.8 盲道设计
Figure 6.4.8 Designing of Tactile Ground Surface Indicator

（以上资料来源：自摄）

家具与历史建筑协调共生，精致的材料，或简洁或装饰意味浓郁的城市家具，或沉着或明快的色彩，提供了良好的使用与视觉体验。在这些城市中，城市景观大都具备房屋整洁、色彩缤纷、绿树成荫、枝繁叶茂、设施齐全、功能完备的特征。欧洲风情独有的房屋建筑、大片的疏林草地、气派的聚会广场以及整洁的环境，使人感到惬意、慵懒、阳光宜人。

城市景观街道上，传统和现代相结合的欧式城市家具比比皆是，到处充斥着热烈、欢乐、温馨的氛围，散发着浓浓的意大利风情。城市家具的样式统一而不呆板，无论从铺装、路灯、果皮箱、标识系统还是公共艺术品等，都可以看出城市设计者的精心打造。它们的造型色彩与周边建筑统一，功能齐备完善，且在材质应用上，采用铸铁、亚克力等材料，每个个体都透露着高雅的艺术气质。

这些城市家具的设计，离不开本土历史文化底蕴的影响，设计的灵感也多衍生于此。佛罗伦萨是意大利文艺复兴运动的发源地，素有"翡冷翠"、"花之都"之称，也是意大利文化之都，培养了大批的雕刻家、画家、建筑师、文学家和诗人。正是他们的存在，将古典与时尚融为一体，没有运用复古的设计语言，而是以简洁的造型、精致的版面设计给观者一种既明了又舒适的体验。各个城市间的城市家具各有特色，或更加严谨厚实，或更加现代新颖，但格调基本一致。尊重传统的同时，打上现代的烙印，这或许就是意大利人的一种态度。正是这种态度，反而给人了一种亲切与新鲜感，让我们可以感受到意大利城市家具设施传统与新意的和谐并存。

科莫湖是意大利北部阿尔卑斯山区著名湖泊之一，是世界著名的风景休闲度假胜地。小镇古朴，湖水清亮。即使在初夏灼热的阳光下，科莫湖水也是冰冷刺骨的，这大概因为湖水来自阿尔卑斯终年不化的积雪，是欧洲最深的湖泊之一。可能因为湖水的静谧，也可能因为科莫的内敛与优雅，科莫的城市家具也显得干净清澈。坐在沿湖的座椅上，透过河岸玻璃的护栏，波光凌凌的湖面一览无遗，朦胧的雾气、镜面般的湖水、去除多余线条的玻璃护栏以及远处隐隐约约的山体轮廓，构成了一副极简主义水彩画。科莫城区的城市家具也与滨水湖边城市家具相呼应，灯杆是横平竖直的线条，自行车停靠架是不锈钢的正半圆弧，树篦是正圆，公交候车亭也选用了玻璃作为主材料。白色的杆件、简洁的线条、通透的玻璃组合成了科莫城市家具的主旋律（图 6.4.9~图 6.4.12）。

| 9 | 11 |
| 10 | 12 |

图 6.4.9 热那亚港口观光平台
Figure 6.4.9 Tourist Platform of the Port of Genoa

图 6.4.10 科莫湖沿湖透明玻璃护栏
Figure 6.4.10 Lake Como Transparent Glass Guardrail

图 6.4.11 热那亚海港玻璃标识导向
Figure 6.4.11 Genoa Harbour Glass Marking Guide

图 6.4.12 科莫湖沿湖座椅与玻璃护栏
Figure 6.4.12 Lake Como Seating and Glass Guardrail

（以上资料来源：自摄）

五渔村位于意大利利古里亚大区拉斯佩齐亚省海沿岸地区，是五个悬崖边上的村镇的统称。1997年，被联合国教科文组织列入世界文化遗产名录。火车至今仍是村庄之间交通的最佳方式。这里有典型的意大利乡村之美，人们不需要用手机联系，因为可以在小村的街上随时相遇。在意大利的地中海沿岸，人们吃午饭和晚饭的时间总是很晚，因为夏天的太阳要到八九点才下山。过了午夜，人们还会在海边喝啤酒，和陌生的朋友一起弹吉他、歌唱。这里的城市家具也像这悠然自得的生活一般，处处充满了生活的情趣，还未正式进入五渔村，只是停留在火车站台上，座椅上小树的镂空图案，围墙上护栏末尾俏皮的小弯曲就已经感受到浓浓的海边淳朴又欢快的生活情趣。村内沿岸滨海景观中彩色的地面铺装结合鹅卵石与木材，巧妙地与盲道相结合。广场上有鹅卵石或者当地石材的锦砖拼花，鱼的图案与海鸟的图案无不体现出沿海渔村的特色。轻快休闲的设计风格、明快多样的色彩在蓝天白云大海的映衬下，显得一派生机盎然。

热那亚就是这样一个多面的城市：古典与现代、过去与现在、色彩与阴影相结合。这座城市属于海洋，而海洋也属于这座城市；它的文化、食物、建筑、景观无一不在向人们诉说着这个古老的海滨城市的历史。沿着海岸的富有海洋元素的路灯、护栏等城市家具也向我们诉说着他曾经的辉煌和如今的优雅。白色是海港的经典颜色，碧海蓝天白帆耸立。白色路灯杆件搭配渔船灯形的灯罩，虽然简约，但是和海边风光契合得恰到好处。灰色的护栏低调优雅地发挥着它的功能，岸边的座椅、果皮箱与标识牌也一灰一白一透明的搭配着，与整个海港融为一体（图6.4.13~图6.4.16）。

13	15
14	16

图 6.4.13 五渔村沿岸景观与地面铺装（资料来源：自摄）
Figure 6.4.13 Coastal Landscape and Ground Pavement of Cinque Terre

图 6.4.14 五渔村广场小鱼图案地面拼花（资料来源：自摄）
Figure 6.4.14 Cinque Terre Plaza's Small Fish Pattern Flooring on the Ground

图 6.4.15 五渔村站台城市家具组合（资料来源：自摄）
Figure 6.4.15 City Furniture Assembly of Cinque Terre Platform

图 6.4.16 五渔村岸边鹅卵石拼花图案（资料来源：自摄）
Figure 6.4.16 Cobblestone Patchwork Patterns on the Shores of Cinque Terre

6.5 城市整体更新改造全系统建设案例

The Whole System Construction - Urban Renewal and Reform

连云港是全国首批沿海开放城市之一、新亚欧大陆桥东方桥头堡、国家"一带一路"重点交汇点城市，是中国重要的综合性国际贸易枢纽港。连云港山海相拥、港岛相连、历史悠久、文化厚重，是一座集山、海、港、城资源禀赋相依相融的国际海滨旅游城市。然而，这座美丽的海滨之城，也曾经历过和其他城市相同的发展瓶颈。2000年前后城市快速发展进程中，粗放式的建设方式，雷同建设的现象十分突出。

从2009年起，连云港市在城市建设中积极引入国内外先进城市家具建设理念。2012年，连云港快速公交一号线开工建设，全长33公里的BRT工程开启了连云港城市家具建设实践的大幕。随后，多条BRT线路、海滨大道、花果山大道等一批重大基础设施，按照城市家具标准化理念开始建设。一批老旧小区和背街小巷整治，也在同步进行。

5年间，连云港完成了700公里主城区城市家具建设，覆盖率达到80%以上。经过设计者和建设者的精心打造，融入了海滨元素的独特设计，具有连云港特色的城市家具成了标准化、特色化、系统化建设的典范（图6.5.1）。

图 6.5.1 连云港市城市家具系统设计（资料来源：自摄）
Figure 6.5.1 Designing of Urban Furniture System in Lianyungang City

Lianyungang is one of the first coastal open cities in China,the eastern bridgehead of the New Asia-Europe Land Bridge,the key city in the National project 'the silk Road Economic belt and the 21st-century maritime silk road',it is also an important comprehensive international trade hub port. Lianyungang is an international seaside tourism city with mountains, sea, port and city resources. It has a long history and rich culture, and is surrounded by mountains and seas.However, this beautiful seaside city has experienced the same bottleneck of development like other cities. In the process of rapid urban development around 2000, the phenomenon of extensive construction and similarity construction is very prominent.

Since 2009, Lianyungang City has actively introduced domestic and foreign advanced urban furniture construction concept in urban construction. In 2012, the construction of Lianyungang bus Rapid Transit Line 1 began, and the 33-kilometer-long BRT project opened the curtain of Lianyungang's urban furniture construction practice. Subsequently, a number of BRT lines, waterfront boulevard, Huaguoshan Avenue and other major infrastructure, in accordance with the concept of standardization of urban furniture began to be built, The renovation of a number of old residential areas and back streets and alleys are also being carried out simultaneously.

In the past five years, Lianyungang has completed the construction of 700 km of urban furniture, with a coverage rate of over 80%. Through the careful creation of designers and builders, into the unique designing of the seaside elements, with Lianyungang characteristics of urban furniture has become a model of standardization, characterization, systematic construction (Figure 6.5.1).

6.5.1 城市道路更新改造设计——连云港海州区道路出新

Urban Road Renewal and Reconstruction Designing – Road Renewal in Haizhou District of Lianyungang

项目信息

项目名称：江苏省连云港市道路出新设计

设计时间：2012年

设计单位：东华大学环境艺术设计研究院

设计范围：主干路6条、次干路5条、特殊路1条、一号BRT专线 共计43.4公里

建设单位：连云港市城乡建设局、连云港市交通局、连云港市城市建设投资集团有限责任公司、连云港市新海新区区政府

城市中已建成的街区问题颇多，由于使用成本及操作性的考虑，不能完全重建。道路的更新对城市环境的提升有着重要的意义。综合考虑连云港市道路环境，将整个城市的城市家具设计成为整体系统。因地制宜，进行规范化布置、有序组合。

There are many problems in the built blocks in the city, which can not be completely rebuilt because of the consideration of the cost and operation. Considering comprehensively the road environment of Lianyungang City, the urban furniture designing of the whole city becomes a whole system,according to local conditions, standardized layout; orderly combination are being put in order.

城市中已建成的街区问题较多，在对每条道路进行考察分析后发现现有的城市家具多已陈旧。但是由于使用成本以及对操作性的考虑，不可能全部重建。设计师采用了保留、修缮部分城市家具的方法，对那些风格不统一、设计过时、修缮量大的陈旧城市家具进行重新设计更换。因此用什么样的方式使整个城市形象完整统一，然后在统一的基调下彰显不同路段的特色是设计师着重考虑的地方。综合考虑连云港道路环境，将这个城市的城市家具设计成为整体系统。首先统一城市家具的色彩，在此基础上因地制宜，对城市家具进行规范化修缮、增设、布置以及更换，兼顾统一性、科学性、艺术性。改造完成后的城市家具系统起到了优化城市道路环境、提升城市品质、加深城市印象的作用。

以"简洁·大气·厚重·实用"为基本指导原则，坚持"特色造型、元素统一、细致设计、适宜尺度"的设计理念，通过赋予连云港城市家具以有地域特色的创意设计，营造便民、舒适、安全的街道环境，使得连云港市城市面貌有了质的提升（图 6.5.2~ 图 6.5.4）。

| 3 |
| 2 | 4 |

图 6.5.2 花果山大道艺术品
Figure 6.5.2 Artwork of Huaguoshan Avenue

图 6.5.3 连云港改造前照片组图
Figure 6.5.3 Photo Shoot before the Renovation of Lianyungang

图 6.5.4 连云港改造后实景照片
Figure 6.5.4 Real-life Photos of Lianyungang After Renovation

（以上资料来源：自摄）

2012~2014 年度，连云港市先后对新浦区主城区大部分城市主、次干道进行城市家具及道路升级改造，主要包括海连西路、新建西路、海宁路、解放路、南极路、海昌路、通灌路、苍梧路、朝阳路、学院路、科苑路、瀛洲路，城市家具逐步完成了系统化建设，统一设计语言、设计风格，并且采用了"一路一灯，一路一护栏，一路一挡车桩"的特殊设计。

城市道路更新需要考虑城市道路实际情况，例如道路的路幅、道路已有设施、道路周边环境等诸多因素。城市家具设计在充分考虑上述因素的同时，需要在重点问题、重点区域统筹设计。例如科苑路、学院路保留原有路灯，进行色彩喷涂，对原有陈旧、部分损坏的城市家具进行统一设计、统一更换，真正实现"花小钱，办大事"（图 6.5.5~图 6.5.11）。

5		9
6	7	10
8		11

图 6.5.5，图 6.5.6，图 6.5.7 花果山大道改造后实景照片
Figure 6.5.5，Figure 6.5.6，Figure 6.5.7 Real-life Photos of Huaguoshan Boulevard After Renovation

图 6.5.8 花果山大道城市家具系统立面图
Figure 6.5.8 Elevation Drawing of Huaguoshan Boulevard Urban Furniture System

图 6.5.9，图 6.5.10，图 6.5.11 朝阳路改造后实景照片
Figure 6.5.9，Figure 6.5.10，Figure 6.5.11 Real-life Photos of Chaoyang Road After Renovation

（以上资料来源：自摄）

12		
13	16	17
14		18
15		

图 6.5.12，图 6.5.13，图 6.5.14，图 6.5.15，图 6.5.16，图 6.5.17，图 6.5.18
BRT 专线 - 海连路、港城大道改造后实景照片

Figure 6.5.12，Figure 6.5.13，Figure 6.5.14，Figure 6.5.15，Figure 6.5.16，Figure 6.5.17，Figure 6.5.18
Live photos of BRT Special Line-Hailian Road, Hong Kong City Avenue After the Renovation

（以上资料来源：自摄）

道路交叉口是城市道路环境的重要节点，主要包括各种城市家具设施，如：交通管理设施（交通信号灯、交通监控杆、挡车桩、道路隔离护栏等）。城市照明（路灯、高杆/半高杆照明灯等）、信息服务设施、城市艺术品等，城市家具设计在布点设计中充分考虑道路的实际情况，以优化路口城市景观为主要目的，进行科学、合理、规范的布置（图 6.5.12~图 6.5.18）。

6.5.2 特色街区城市家具系统设计——连云港海滨大道、西大堤

Designing of Urban Furniture System in Characteristic District – Lianyungang Seaside Boulevard and West Embankment

海滨大道项目连接西大堤，风格主要参照连岛海滨旅游度假区特色。从海滨文化中提取设计元素，将其系统地运用到各类城市家具设计中，用简单的设计语言表达出海滨大道的特色，注重以人文本，并且符合当地文化特色。

The Haibin Boulevard project connects with the West Embankment, and its style is mainly based on the characteristics of liandao seaside tourism resort. The design elements are extracted from the seaside culture, and they are systematically applied to various urban furniture designs. The simple design style shows the characteristics of the Haibin Boulevard, focuses on the human–centred design with the local culture.

项目信息

项目名称：连云港海滨大道、西大堤街道设计

设计时间：2013年

设计单位：东华大学环境艺术设计研究院

设计范围：（海滨大道）连云新城段9公里、连云区段3.8公里、建设局段16.7公里，共长29.5公里；（西大堤）起始于"在海一方"公园，与海滨大道相连接。西大堤及海棠北路，全长7.5公里

建设单位：连云港市城乡建设局、连云港市连云区政府、连云港市徐圩新区政府等

创意之初我们鉴赏法国第二大旅游胜地尼斯（Nice），位于地中海沿岸法国南部，全欧洲最具魅力的黄金海岸。争取把连云港海滨大道设计为中国最具特色的独创性海港口岸。

以海滨的景象、地域特色、日用道具为原型设计的城市家具，或写实逼真，或简洁大方，亦或将海滨用具灵活运用。明确简洁、现代、大气的设计风格，选用波纹作为基础的造型元素，从而彰显海滨特色，营造优美宜人的城市环境。以景观性的造型，生态的材料打破单一形式。将石材、木料等材料配合不同色彩，以装饰图案加以点缀，在每一处细节展示连岛海滨旅游度假区特色城市家具的系统性与独特性。连云港滨海地区风力资源丰富，海岸地区风速明显大于内陆，且气象灾害频繁。风速极限峰值较大，对结构强度及适用性要求高（图 6.5.19~图 6.5.22）。

19	20	图 6.5.19 海滨大道实景照片（资料来源：自摄）Figure 6.5.19 Live photos of Seaside Boulevard
	21	
	22	图 6.5.20~图 6.5.22 海滨护栏（资料来源：自摄）Figure 6.5.20~Figure 6.5.22 Beach Guardrail

因此，照明设施与交通设施选择合适的结构杆件及结构方式尤为重要。细节是决定城市家具品质优劣的关键因素，从设计之初严格控制家具的尺度、节点、构造等各个细节。营造高品质的、有特色的城市家具系统，提升港城海滨环境。

江苏省连云港市西大堤是我国最长的拦海大堤，由墟沟黄鹰嘴伸向对岸的西连岛，大堤还把络绎不绝的游客引向西连岛海滨浴场，使那里成为一条旅游热线。此次设计，以展示西大堤连岛海滨旅游度假区特色为主旨，设计定位是"幸福、简单、低调、生态"。以独特的造型，生态的材料打破单一形式。将石材、木料等材料配合不同色彩，以装饰图案加以点缀，在每一处细节展示连岛海滨旅游度假区特色城市家具的系统性与独特性。外形上大胆创新，材料上推陈出新，色彩上丰富呈新，新的材料、新的元素、新的造型，耳目一新的视觉感受，点缀连岛海滨旅游度假区独特风貌。

通过西大堤就是连岛风景区，为了与连云港市市区城市家具有所区分，作为景区的引导道路，西大堤城市家具在色彩上作了很大的改变。色彩以灰白色或浅灰色为主，突出海岛特色。区别于城区单一的样式，形成丰富多彩的景区城市家具，整体协调又富有变化（图 6.5.23~ 图 6.5.29）。

23	27
24	28
25	29
26	

图 6.5.23，图 6.5.24，图 6.5.25 海滨大道实景照片
Figure 6.5.23，Figure 6.5.24，Figure 6.5.25，Live Photos of Seaside Boulevard

图 6.5.26 海滨大道城市家具系统立面图
Figure 6.5.26 Elevation Drawing of Urban Furniture System on Seaside Boulevard

图 6.5.27 连岛风景区实景照片
Figure 6.5.27 Live Photos of Lian Dao Scenic Spot

图 6.5.28，图 6.5.29 西大堤实景照片
Figure 6.5.28，Figure 6.5.29 Live Photos of the West Embankment

（以上资料来源：自摄）

6.5.3 新城新区道路配套设计——连云港凤凰新城

Road Matching Designing of Xincheng New Area——Lianyungang Phoenix New City

项目信息

项目名称：江苏省连云港市凤凰新城新区设计

设计时间：2013年

设计单位：东华大学环境艺术设计研究院

设计范围：连云港凤凰新城片区

建设单位：连云港市城市建设投资集团有限责任公司

凤凰新城位于市区东南部，新海新区南部，北接行政中心，西邻海州片区，东连云台山脉。北起海宁路，西至瀛洲路，东至宁连高速，南抵宁海立交。功能定位是以居住功能为主，以商业、旅游、科研为辅的城市综合区。

Phoenix New City is located in the southeast of the city, south of Xinhai New area, north of the administrative center, west of Haizhou area, east of Yuntai Mountains. From Haining Road in the north, Yingzhou Road in the west, Ninglian Expressway in the east and Haining Interchange in the south. Function orientation is a comprehensive urban area with residential function as the main function and commerce, tourism and scientific research as the auxiliary.

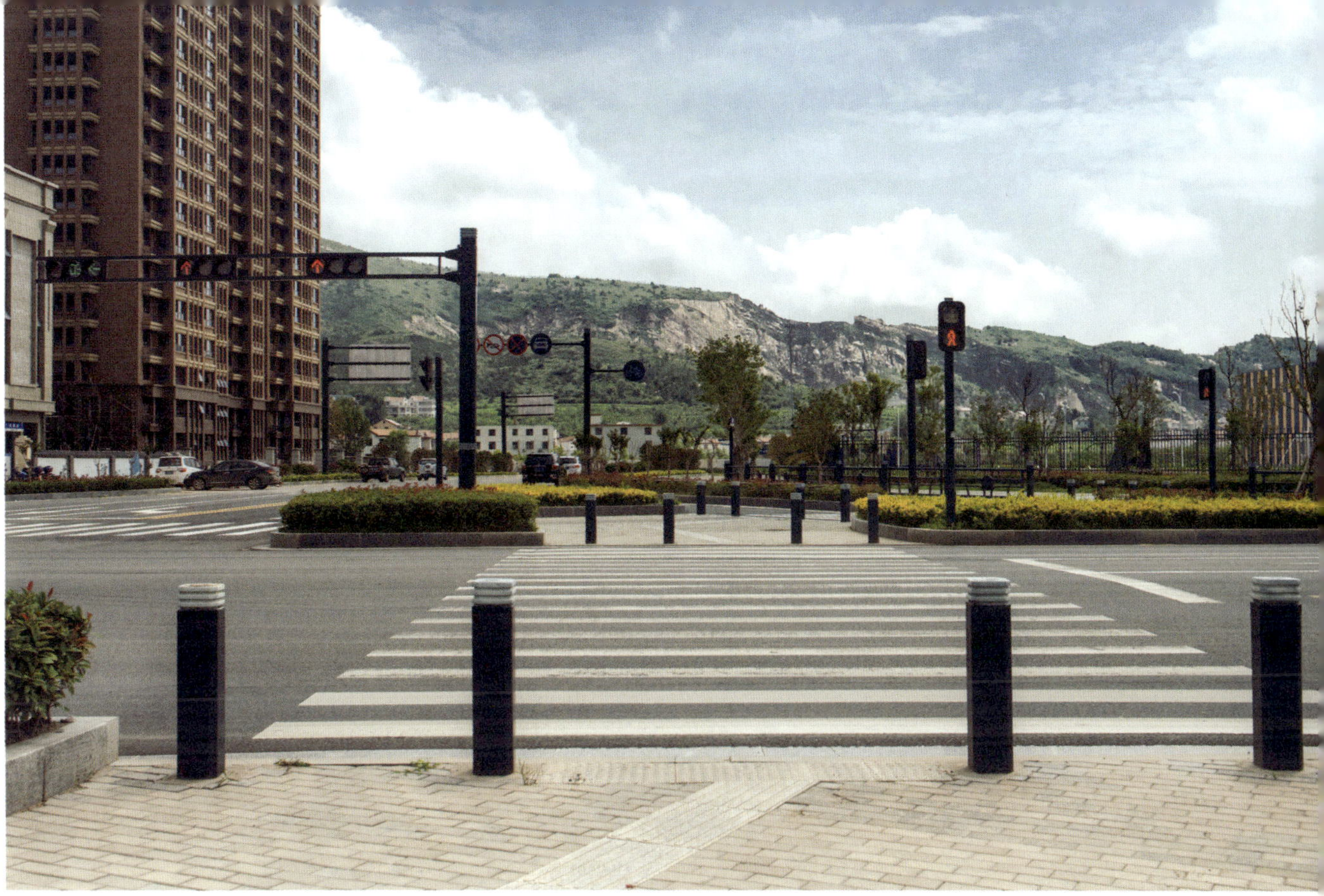

作为城南门户，凤凰新城还将以山水绿城的形象出现，通过显山、达水、延绿、营城，塑造和谐有序的宜居城区；依托高效畅达的城市交通，建设24小时活力的城南门户，汲取千年石城的营建智慧，创造独具地方感的人文胜地。除了满足凤凰新城的功能定位，我们在设计城市家具的时候要将新城区的特色元素融入设计中。凤凰新城这个名字的出现还得从2006年说起。那时，为进一步完善新海城区的基础设施，加快新海城区东扩南延的步伐，当年12月，凤凰新城通过了控制性详细规划。我们为凤凰新城设计了新城LOGO，在城市家具上做点缀，统一设计元素，体现新城特色（图6.5.30~图6.5.34）。

30	31
	32
	33 34

图 6.5.30~ 图 6.5.33 凤凰新城实景照片
Figure 6.5.30~Figure 6.5.33 Real-life Photos of Phoenix New City

图 6.5.34 凤凰新城 LOGO 标识设计
Figure 6.5.34 Logo Designing of Phoenix New City

（以上资料来源：自摄）

引用及参考文件 LIST OF REFERENCES AND RELEVANT DOCUMENTS

■ **参考文献**
References

[1] 鲍诗度.中国城市家具标准化论坛论文集 [C]. 北京.中国建筑工业出版社，2019.

[2] 上海市规划和国土资源管理局等.上海市街道设计导则 [M]. 上海：同济大学出版社，2016.

[3]National Association of City Transportation Officials.Urban Street Design Guide.2013.

[4]Global Designing Cities Initiative.Global Street Design Guide.2016.

[5] 土木学会（日）.道路景观设计 [M]. 章俊华，陆伟，雷芸译. 北京：中国建筑工业出版社,2003.

■ **技术规范及标准**

Technical Regulations and Standards

[1]《城市规划基本术语标准》（GB/T 50280）

[2]《道路工程术语标准》（GBJ 124）

[3]《道路交通标志和标线 第 1 部分：总则》（GB 5768.1）

[4]《道路交通标志和标线 第 2 部分：道路交通标志》（GB 5768.2）

[5]《道路交通标志和标线 第 3 部分：道路交通标线》（GB 5768.3）

[6]《道路交通标志和标线 第 7 部分：非机动车和行人》（GB 5768.7）

[7]《城市道路交通标志和标线设置规范》（GB 51038）

[8]《城市道路交通设施设计规范》（GB 50688）

[9]《城市道路交叉口规划规范》（GB 50647）

[10]《地名 标志》（GB 17733）

[11]《城市容貌标准》（GB 50449）

[12]《无障碍设计规范》（GB 50763）

[13]《无障碍设施施工验收及维护规范》（GB 50642）

[14]《城市绿地设计规范》（GB 50420）

[15]《道路交通信号灯》（GB 14887）

[16]《道路交通信号灯设置与安装规范》（GB 14886）

[17]《室外消火栓》（GB 4452）

[18]《消防给水及消火栓系统技术规范》（GB 50974）

[19]《建筑用安全玻璃 第 2 部分：钢化玻璃》（GB 15763.2）

[20]《城市环境卫生设施规划标准》（GB/T 50337）

[21]《历史文化名城保护规划标准》（GB/T 50357）

[22]《图形符号 术语 第 2 部分：标志及导向系统 》（GB/T 15565.2）

[23]《公共信息图形符号 第 1 部分：通用符号》（GB/T 10001.1）

[24]《标志用公共信息图形符号 第 2 部分：旅游休闲符号》（GB/T 10001.2）

[25]《标志用公共信息图形符号 第 9 部分：无障碍设施符号》（GB/T 10001.9）

[26]《公共信息图形符号 第 10 部分：通用符号要素》（GB/T 10001.10）

[27]《公共信息导向系统 导向要素的设计原则与要求 第 1 部分：总则》（GB/T 20501.1）

[28]《公共信息导向系统 导向要素的设计原则与要求 第 2 部分：位置标志 》（GB/T 20501.2）

[29]《公共信息导向系统 导向要素的设计原则与要求 第 3 部分：平面示意图》（GB/T 20501.3）

[30]《公共信息导向系统 导向要素的设计原则与要求 第 4 部分：街区导向图》（GB/T 20501.4）

[31]《公共信息导向系统 导向要素的设计原则与要求 第 6 部分：导向标志》（GB/T 20501.6）

[32]《公共信息导向系统 导向要素的设计原则与要求 第 7 部分：信息索引标志》（GB/T 20501.7）

[33]《公共信息导向系统 基于无障碍需求的设计与设置原则》（GB/T 31015）

[34]《旅游景区公共信息导向系统设置规范》（GB/T 31384）

[35]《旅游区（点）质量等级的划分与评定》（GB/T 17775）

[36]《检查井盖》（GB/T 23858）

[37]《钢纤维混凝土检查井盖》（GB/T 26537）

[38]《生活垃圾分类标志》（GB/T 19095）

[39]《城市道路照明设计标准》（CJJ 45）

[40]《快速公共汽车交通系统设计规范》（CJJ 136）

[41]《城市道路工程设计规范》（CJJ 37）

[42]《城市道路交叉口设计规程》（CJJ 152）

[43]《城市公共厕所设计标准》（CJJ 14）

[44]《环境卫生设施设置标准》（CJJ 27）

[45]《城市道路照明工程施工及验收规程》（CJJ 89）

[46]《城市公共交通工程术语标准》（CJJ/T 119）

[47]《城市道路公共交通站、场、厂工程设计规范》（CJJ/T 15）

[48]《城市公共交通分类标准》（CJJ/T 114）

[49]《铸铁检查井盖》（CJ/T 511）

[50]《公路交通安全设施设计规范》（JTG D81）

[51]《公路交通安全设施施工技术规范》（JTG F71）

[52]《公路交通安全设施设计细则》（JTG/T D81）

[53]《城市夜景照明设计规范》（JGJ/T 163）

[54]《户外配电箱通用技术条件》（DL/T 375）

[55]《旅游景区公共信息导向系统设置规范》（LB/T 013）

[56]《信筒》（YZ/T 0067）

[57]《邮政普遍服务》（YZ/T 0129）

■ **相关文件**

Relevant Documents

[1]《国务院关于加强城市基础设施建设的意见》（国发 [2013]36 号）

[2]《国家新型城镇化规划（2014-2020 年）》（2014 年 3 月）

[3]《中共中央国务院关于深入推进城市执法体制改革 改进城市管理工作的指导意见》（2015 年 12 月）

[4]《中共中央国务院关于进一步加强城市规划建设管理工作的若干意见》（2016 年 2 月）

[5]《住房和城乡建设部关于加强生态修复城市修补工作的指导意见》（建规 [2017]59 号）

[6]《城市设计管理办法》（住房和城乡建设部令第 35 号）

[7] 住房和城乡建设部《城市步行和自行车交通系统规划设计导则》（2013 年 12 月）

[8] 江苏省住房和城乡建设厅关于印发《江苏省城市街道空间精细化设计建设——城市家具建设指南》的通知（苏建城 [2018]927 号）

[9] 上海市住房和城乡建设管理委员会《上海市道路合杆整治技术导则》（2018 年 3 月）